Puzzle 1

```
L D K F N B Q E V L I C K O Z J
Q E K R R C Q L F K K N T Q T D
F P H K G I F O B Y O N N K M K
K R A A E M I H R O J C D L C F
C E G M R X M S T F C Q N S S N
C S I N C D S S N U K Q S V S S
P S R N I O U A T S N A E D T I
Q E R K V T C C J R D G B W E B
M D E D Y L S K G R D V A C W F
D R P M A X Q U A D P S B F G X
O B A U B C K L G S W U H P F R
B F R V Z M T S S S S H M N H C
N A A S S C L O W N I F T T R B
P O B K M O F S A O G D A S T G
V M L B B X V D O J B X N L Y I
F P E Q G Y A S S M U N C H E R
```

LARD ASS   ASS CLOWN
IRREPARABLE   DISGUSTING
DEPRESSED   COCK ASS
ASS HOLE   HARD
FAGNUT   ASS MUNCHER

Puzzle 2

```
X V Q E Y F V A N C P C C W E B
A Y X R D G E E K N U L F N U U
K M Q N Y I I E X A E Y J Y V C
W T F W K O X P S Y K N A L I O
L O D X E V T S I C X T W M T C
F L F Y I Y J G J D U E H F U K
K Y E Q E A P H B R N P C P S M
K T H H C R D M R A Q M T N C U
D U D K Y J Q N T T F U K D Q N
W X E E T D A W D E Z R X C X C
Y R T N D V O O L R V T X W F H
V H K C S U Z O F M A K T E U E
U A S Y W A Z B L M I C F N N R
W N Q U M Y Z P L B C U Y C B E
M Q Y H T L I F L K X F P A H H
Y R T G P V W C I G K K Z T T Z
```

DUD
FLUNKEE
COCK MUNCHER
FILTHY
ASS JACKER

LANKY
RETARD
FUCK TRUMPET
WENCH
BLOODY HELL

Puzzle 3

QUESTIONABLE
WEAKLING
PECKER HEAD
COCK JOCKEY
POWERLESS

CONFUSED
NOTHING
BOLLOCKS
ASS WIPE
PANSY

Puzzle 4

IDIOTS
ROTTEN
PATIENT
FUCK BRAIN
DUMBBELL

CONTRADICTORY
SMELLY
BITCH
JACKASS
BUST

Puzzle 5

ASS SUCKER
NOXIOUS
SCHMUCK
STICKY
QUEER

MUG
SHITHEAD
DICK HOLE
CUM BUBBLE
UNHEALTHY

Puzzle 6

OBTUSE
HOLY SHIT
ERODING
DOUCHE BAG
PUSSY LICKER

BASTARD
DISEASED
RIFF RAFF
SHITTIEST
CRIMINAL

Puzzle 7

SPINELESS
VINDICTIVE
FAGTARD
DICK MONGER
OBSOLETE

CUM TART
INBRED
ASS COCK
GRUESOME
INVALID

Puzzle 8

```
Q A H Z Y D D O H S G P F W E O
B V G N Q H K N S E L Y W H B C
S A K G U V G H B R P N W D P F
S N D E B T I T U A Y O D Y O H
A U T N L T S R K H P O Y D H Q
P I N S I D I O U S N L M L P I
O L W L T M A B W I R J T E T V
L A H U C W E O V M G N W I V M
S G J S L M M Y E V E M J W K B
V V B R O Q D M E F Z V U N Z B
Q H O A J R E F F U M Y E U A I
V Q N Q T B A S S W I P E L I L
Q M C H N I Z R V Z X K F D W B
Y G R E A T S X Q U X Y W F C Q
Y M H J C X Q S R V H E P A Y A
P Y V M R Z J K L V L E Y W B S
```

LOONY
BEMOAN
INSIDIOUS
ASS WIPE
MUFFER

SAP
SHODDY
UNWIELDY
SHIT
NUTS

Puzzle 9

NEGATIVE
CLUSTER FUCK
TWAT
COLD
LANK

INSIGNIFICANT
CHUMP
BITCH TITS
NONCE
FUCK OFF

Puzzle 10

LEECH
RENEGE
SCHLONG
TOSS POT
IMPOSSIBLE

COW
ASSHOLE
MINGE
REVENGE
CUNT LICKER

Puzzle 11

DICK SUCKER
OVER WEIGHT
FUCK
HARDON
SCROTE

WANKER
DICK SLAP
DONKEYS
DAMAGE
DICK WOD

Puzzle 12

SORRY
WITLESS
SHIT BAG
WUSS
PRICK

FUCKED
SMEG
QUEER BAIT
INCOMPETENT
FUDGE PACKER

Puzzle 13

BROKEN
FUMBLER
FELTCH
SEVERE
MUDDLER

SHIFTLESS
GAY
WEIRDO
BASTARD
MURDERER

Puzzle 14

```
Q G B T V Y L T R A Y G A C A M
Z D O L M H P O W V T U A U L L
R U J R Z T E M O Q T D H S A Q
I T K C M Y X A F I A M T X M N
S X N L H B B V D P F E B B S F
M J A W K F I N A N U P D G H E
W K W Y S B E A N X V F N D G T
U H A H H N S R N F F N M I R W
V N W X L U I J H L A O A C K Q
H J L S J H E A H N H O E K D R
Z F A U N T H O R P D X R J A P
P J W G C I E D X B A A C U Y C
H T E T M K O O Z M T N S I B G
Q G E B M T Y Y M N A I Q C J G
N O S R E P Y Z A R C C H E H X
K H Z U J Z P A M M G Z E S K X
```

SCREAM
WANK JOB
DICK JUICE
SHIT BRAINS
CRAZY PERSON

PUNANI
FATTY
BEAN
UNLUCKY
HOE

Puzzle 15

GRIM
DICK SUCKER
MOTHER FUCKER
PISSED
IGNORAMUS

PSYCHOPATH
SHIT FACE
DISTRESS
DONG
DOUCHE BAG

Puzzle 16

COCK SUCKER
REPTILIAN
TOOL
LAME
RUTHLESS

KLUTZ
TWITS
BAMPOT
MONKEY
ARSE

Puzzle 17

DOOKIE
BOTCHER
DUMDUM
NUMSKULL
DICK HOLE

SNATCH
ASS BANGER
GULLIBLE
DISADVANTAGED
SAVAGE

Puzzle 18

```
F J C Z O L Z G K S W M C S E
S R A P D F T H Z S Z X T K I X
I E U F F C X S Y F S Q C Y H W
A K R U N D A Q A C N A W W V V
E C Y X V T P I A O T H Y D W H
Z U A S Z M S W N E Q J N A E O
M F Y W S F L I A A E A F Y G A
A S Z C Q A U L P D M M W T U O
L I T O E S T C R A K I U I R G
W N B X I S U R K W R Y Q I B B
A E J N H A N X O W W K M U O Q
F P A Y H T O Y C T I J E K Y N
L S B U M A D C W K O T W P O X
P P H K H F T C N B H Y R F A G
G Z X K N G C O M F O O G O F P
T R M F H J B F J X T W L U I L
```

ASS
PENIS FUCKER
GAY ASS
KNOB
MANIAC

FUCKWIT
RAPIST
DONUT
RIMJOB
FAT ASS

Puzzle 19

ANGRY
DICK HEAD
CRANKY
DUMMY
ADDLEPATE

THICK
CARPET MUNCHER
MINGE
TERRIFYING
MASTURBATE

Puzzle 20

```
G Y B L Q N T T F Q H T X G P R
N S X Z V P Y R L F V M N M K Y
P P D R F S W F Q R Q K V I O U
T D R Z O T E E K S R A P U U B
D V E J E U R D K P U N G L U J
D N V R L J A J C J X O X N N Z
U D I O B W T Y I K U E F F C W
B J D O A W E Y T I I A P D L A
B G F C R I U P K G I P V E E V
Z I F Y E R K Q O R S R K T F W
R D U T S Q E Y V D N I X T U Q
K P M K I J Z K S Z D J D L C J
J L O D M P G I C L I H G A K E
W V Y R D J A C K A S S P B E J
W K F T X C B H M V R G W G R K
T J L T D P F J R Q G C G F K S
```

TICK   UNFAIR
MUFF DIVER   DIKE
JACKASS   UNCLE FUCKER
DOPE   MISERABLE
SKEET   CRACKER

Puzzle 21

INJURY
MIS SHAPEN
QUIT
CUM DUMPSTER
CUNT

DOUCHE WAFFLE
NERD
MONSTROUS
INCOHERENT
DECAYING

Puzzle 22

MUNGING
NINCOMPOOP
GODDAMN
SHIT
ARSE HOLE

CADAVEROUS
DODO
BITCH ASS
FUCK NUT
THREATENING

Puzzle 23

GONE TO PIECES
CUM
MONKEY
YELLOW
DOUCHE FAG

CUNNILINGUS
INTOLERABLE
DRUGGIE
PUNY
DEAD BEAT

Puzzle 24

```
A M S V B X H K T R R Z F B K M
X K E C I T A N U L T R X E C X
R X J T W H C T I B A F O N O S
L R R T S K X Q E R R E F T J W
I R Q T A A C O X R L H E C H B
P Z E P V A Q D B O R G A A S K
D H E F F G I I H H G O R B P P
Q Y T J F N N M S U F E R Q K O
I U E T G I U I N D B O Q I K V
R R Y B I B N K T R N N T W S N
N K A A F P C S A A S C N G F T
U T E A I U B I K A E O D L L Q
Y G X U F H N J Q C B S C J L E
X N D T E E D B S O O Q U H L Y
M X D R D V U B D H H C O A P U
Z V K W W A K Y W Y Q O N S N M
```

COCK SNIFFER
FUCK NUGGET
SON OF A BITCH
TERRORIST
NAUSEATING

LUNATIC
HARE BRAINED
DINGBAT
BUMHOLE
NOBODY

Page 24

Puzzle 25

```
J V F T J U S G N I D T R D A Y
D J W E K I K N L P S M Y W B U
L N V K C L L U A F H A C P H I
Y G N A T N O O P T U N P C G Y
R M C X Y X J O F C C H N P G I
F A O M V T N Z E T D H D F I B
K T O U G D Y H B Q P K Y W C N
X T C H D M O C L O D P A T E D
I L H X E G G R I N G O M D O I
D E Y M S S A O T Z D O M L M D
R U L Z A V Z Y V L R W A H F O
J R X E K I E I T O S J A H L J
R C N W C U T J N A M D I C K T
V J Z S S D I I G F R K S D Z X
S E F B U R C G I Y V D I L E E
Z X Q E K H Y K U I S Z Z M U C
```

DICK
CLODPATE
MORONIC
POONTANG
GRINGO

SNATCH
COOCHY
CRUEL
GAYTARD
KIKE

Puzzle 26

JERK
MORON
NUMB SKULLS
NEANDERTHAL
FUCK BOY

COWARD
MOAN
DOUCHE BAG
CRIPPLED
COCK MASTER

Puzzle 27

ASS HOPPER
SHIT BAGGER
SPIRITLESS
UNWELCOME
FOUL

RENOB
SUBSTANDARD
UNDERACHIEVER
BEDLAMITE
SCHMOE

Puzzle 28

```
J R X V J D A E H K C I D H M R
W G R L I V B E E F H E A D S E
A H R I N F E R I O R I C J N G
N Q R Q E T S C I X I V J A V N
K M F T I G H T O F O L Z E C A
O U E L O H T N U C D B W B M B
C O U E Y X F K G K K A L P W S
D U N A I O E K E F Z Q N O Y I
H H N T B G B B T O A M V Z U N
T Y I T A S I E I A F K A C I E
Y J Q I F G T A H O M S T S R P
N Q R F W A I I S C S A P H J S
C E W Z G U C P B C H P E W N X
V T J H F U V E O J M S M D G G
U X V X B P L C G K F R E X Q Q
Q E J Y K W P K J O A I K C J O
```

GOB SHITE
TIGHT
DICK HEAD
PENIS BANGER
WANK

INFERIOR
CUNT FACE
PIG
CUNT HOLE
BEEF HEAD

Puzzle 29

W	L	J	A	N	C	I	C	M	D	V	H	C	F	A	C
E	M	Y	V	O	K	O	D	P	U	E	V	M	R	F	U
J	F	K	D	I	L	T	C	H	W	S	C	C	H	G	Y
Z	G	I	A	I	I	D	I	K	U	J	T	W	U	N	O
Q	L	Q	L	W	C	D	P	O	W	B	G	A	B	W	Q
K	B	Z	X	L	E	K	N	W	I	A	W	M	G	T	F
Z	J	E	D	O	I	I	S	J	L	U	F	T	R	U	H
B	R	V	U	G	A	T	G	N	C	V	Q	F	R	N	F
A	O	S	M	L	W	R	E	R	E	C	H	G	L	W	K
P	J	L	L	C	I	Y	B	R	Y	E	T	T	G	E	X
C	G	I	Y	M	U	T	O	S	A	R	Z	G	X	C	O
Z	V	V	A	N	E	C	S	R	F	T	Q	E	P	H	I
H	R	C	V	O	L	V	L	H	B	J	E	Y	V	Q	Q
R	E	Z	M	H	R	D	W	H	O	R	E	B	A	G	C
Z	X	D	E	D	N	I	M	E	L	P	M	I	S	E	F
I	P	I	S	S	F	L	A	P	S	C	G	I	Z	C	E

HIDEOUS
SIMPLE MINDED
HURTFUL
DICK SNEEZE
PISS FLAPS

GRIMACE
WHORE BAG
VILLAINOUS
ILLITERATE
COCK WAFFLE

Puzzle 30

STUMPY
FUCKWIT
PARASITE
DORK
BLOOD SUCKER

SLIMY
LEMON
PARALYZED
DOPES
SPOOK

Puzzle 31

WRECK
GRUMPY
LIFELESS
DOBBER
INCURABLE

HONKY
CHICKEN
MENTAL CASE
WHORE
DISLIKED

Puzzle 32

```
F S C S V K O D L A K B T R A T
P G W M P H J U W E Z O Y B B N
X A A Y S P Q G R I T G M V J A
S B P B N H L W J I S T N P X G
W Y U A T H Z B W O L E C F Z E
M I J D T U K F G T T Z G P O L
K N S B H S L P U T R I D I G E
E J U Z D A Y S F O P G Q Z R N
X U G R H H B O L L O C K S Q I
R R J J I G N I S S I M Q E C N
C I Q W H O R E F A C E L J R O
X O V U E F E L A E I X N Z Y P
L U E L E S X J H R M S R Q S O
T S F H O D F F G T D Z Y B U F
R D D E M E N T N P S E W P M G
K I K Q P X L L L O D X I M H Z
```

INJURIOUS
WHORE FACE
PATSY
SLUT BAG
HALFWIT

BOLLOCKS
INELEGANT
MISSING
PUTRID
DEMENT

Puzzle 33

CLUMSY
MEAT HEAD
GAWKY
CANTANKEROUS
SWEET JESUS

COCK SMOKER
CHRIST ON A BIKE
GUIDO
ZERO
KRAUT

Puzzle 34

WOP
CACK
PAIN
HOSTILE
MEAN

SENILE
SHIT ASS
COCK BURGER
INFERNAL
HELPLESS

Puzzle 35

FELLATIO
WOEFUL
HANDJOB
PISS HEAD
CUNT RAG

SHREW
SOD OFF
SKULLFUCK
BEAVER
CAMELTOE

Puzzle 36

```
Q L V V R B K U E S G D N F V D
A S C J I B P T S N R L P O N Q
L F N N A L Y P W Q T U H G F F
D D T J W P E O Y U J B E Z L E
S M O B N V A I A F I T S U F X
N N K H M I Q R S J C U F V Q L
J M D C Q R S Q F O B W W O Q I
G R Z J U E V R C O A L R Q P M
H P D M L F U K H U S S Y S H A
T E D V T B T L P K O Q C D Q D
G K I I L Z G I I M Y H M K Z M
G W T C K K E E T Y L R X S D A
I O X Y K M K D U O Q G L S F N
U K B J N V Y I N T D J M L Y I
D H O J F L D G T P Y F B E Y K
D G W S W I E W O W Z C I B P P
```

COCK   TIT FUCK
ARSE   SCHLONG
DYKE   AWFUL
JAP   HUSSY
BINT   MAD MAN

Puzzle 37

```
U F Z I A W R E T C H E D L F Y
A N X F N H Y P E X D P A V X E
J X A F B F F E A R T L C C G K
J S L O W E W U V C A T C T N C
R T H N S H M G F R B Q C E L O
C E Z L R P M D M F C N K A G J
I W E F E U B I I E K M P B T B
Z O A F R R N N I H F N U Y I O
F N F K O G O A C D D Z N C P N
Y O V S O O K N M E I D L E S K
Y C C J Z F L S G E S O M K B P
J O E J W V Q I N I C W T B Q J
J U M R N Z P A S J J M K W Q L
M C F E Q L O E M H A J N N N Q
R A I X V F L L A B W E R C S Z
X Y F R A N I T S C S K I B F V
```

SCUM
IDIOT
IGNORE
FOOLISH
KNOB JOCKEY

WRETCHED
SLOW
ALARMING
SCREWBALL
FEAR

Puzzle 38

```
E  C  J  Q  M  P  Y  Q  G  O  V  I  M  Y  U  R
F  W  J  F  R  K  V  T  X  G  L  Y  P  N  U  G
W  T  Y  S  E  D  S  H  O  C  K  I  N  G  H  J
Q  E  T  A  A  E  E  P  M  K  K  C  Z  Z  X  C
T  F  I  O  G  P  U  Z  P  Q  G  J  F  C  R  K
K  Z  H  R  T  B  R  Q  K  K  F  S  N  C  S  I
S  C  I  A  D  C  H  C  U  I  M  N  N  S  B  Z
V  R  E  J  A  K  I  E  D  O  S  Z  E  E  A  W
J  R  M  U  U  P  X  P  H  C  P  N  Z  W  A  J
G  B  P  F  S  A  E  X  T  A  L  U  C  A  J  R
R  J  I  K  C  I  D  Q  N  L  I  R  K  U  G  S
O  M  R  R  V  L  P  W  I  N  W  O  L  C  K  D
A  A  D  J  X  I  P  L  I  L  E  T  W  C  U  A
P  H  A  Q  T  W  A  Z  S  N  F  H  M  M  S  F
M  C  D  T  Q  W  I  J  Q  L  P  C  Q  X  N  W
P  J  E  U  O  Z  P  C  T  V  F  P  O  A  M  P
```

ILLNESS
CHOAD
SOD
SPICK
WEIRD

DRIP
QUEEF
FUCKUP
DICK
SHOCKING

Puzzle 39

BITCH
BUTT FUCKER
FANNY
HORRENDOUS
UNJUST

BOOT LICKER
HURT
DICK FACE
BONY
SHITTING

Puzzle 40

```
E S V V G T Q Y N R S H O Y D K
A V I R V C X R W U B L K C L Y
Q K C F V Z R O X P E I V E Z U
I D D R D U E T V E K M W S B P
E S A W E Q G C C D C I G I N D
S Z E Y H R A A C O U T H N L U
L D H H T E N F T P F E I Q L L
U H K V A S A S O H Y D T A N T
U K C A O N M I N I L E H A R Z
W I O X L O S T O L G G M Y F V
K S L L G P I A A E U O B L X S
P X B X U K M S V S W I F L F L
C F V S P K J N D D M H V R E A
O H Z R O S R U A C Q S E K G K
G C P Z G Q G M W W A O D W K V
U E F R P B H E S A C T U N U P
```

MAD WOMAN
NUTCASE
UNSATISFACTORY
PEDOPHILE
UGLY FUCK

MISMANAGER
LOATHED
BLOCKHEAD
PONSE
LIMITED

Puzzle 41

BLOCK HEAD
SHIT FACE
DAMN
WHORE
SCRAGGY

SLAG
BINGO WINGS
LUNK HEAD
DOOR MAT
SHIT ASS

Puzzle 42

HARMFUL
AXE WOUND
PISS
SHIT DICK
POVERTY STRICKEN

EVIL
JESUS CHRIST
MOTHER FUCKER
REVOLTING
FAGGOT

Puzzle 43

NONSENSE
KNOB CHEESE
CUTTING
VAG
GIMP

DREARY
NAUGHTY
VILE
THIEF
FRIGHTENED

Puzzle 44

BITCH TITS
SOCIOPATH
MINDLESS
DOOFUS
BENEATH

ADDLE BRAIN
NINNY
ASS MONKEY
DICK WEED
SCHIZOPHRENIC

Puzzle 45

B	C	S	X	W	L	Q	S	E	V	X	Q	G	K	S	M
N	B	N	L	Q	Y	S	Z	H	Z	A	G	S	O	I	R
V	K	V	J	O	N	Q	J	Y	S	O	M	T	D	T	U
F	H	S	Y	G	N	E	C	S	Q	R	Q	U	C	K	U
M	Z	Z	Q	W	W	E	B	S	G	H	X	P	Y	F	E
L	Z	T	O	L	D	A	L	N	F	S	S	E	C	U	Y
Q	J	Z	P	L	G	A	R	Y	N	D	C	F	W	V	K
A	H	U	K	E	H	R	A	P	D	L	K	I	V	Y	L
U	B	Z	O	I	D	E	T	B	T	P	U	E	I	H	Q
U	G	U	B	S	Q	A	V	I	Z	A	N	D	I	T	H
R	G	A	J	I	X	I	N	B	M	A	N	Z	I	K	S
S	Y	P	N	Y	Q	G	N	I	D	A	Q	G	Q	S	X
E	O	F	A	P	U	N	G	E	N	T	D	K	I	I	T
E	M	T	U	E	M	E	J	T	U	R	X	D	C	E	Q
E	G	Y	Q	Q	N	L	G	C	V	E	B	S	O	S	V
A	P	F	C	B	S	D	S	R	U	Z	F	N	J	G	O

ASS BAG
GIT
LONELY
OLD
INADEPT

PUNGENT
GODDAM
NAZI
RAT
STUPEFIED

Puzzle 46

BEEF CURTAINS
BLOODY
GAYWAD
LOST
VICE

DEGENERATE
FOUL UP
MOTHER FUCKING
GAYLORD
DEMENTED

Puzzle 47

WORTHLESS
CHILD FUCKER
SMEGMA
ENRAGED
COARSE

BUTT PLUG
SIMPLETONS
SMEG HEAD
INSANE
SCROTE

Puzzle 48

FLOP
BALLBAG
IMBECILES
DICK FUCK
DASTARDLY

BUMBLING
SENSELESS
SHIT SPITTER
NUT SACK
WEAK

Puzzle 49

```
S A F A N A A D Z N F M E J L X
Y H F N S E K A B O E R D T E G
W V I A F S I N K H V E L J D U
L I T T Q C D E O S B J D N E C
K H I F C H T R B P Y B S Y T A
Z K A D R A S A K U M V A N R E
X K W Q H E N E T U P D I H I Y
H T P S S U E N G C X A V Q M Q
V S W H K U P L E F X D P C E F
T Z I Q P I M F O D S O E H N K
W T I O G U N B I A X N R E T E
G J T E C G S I P P D B T A A I
X M O O B T J S P R O E U P L Y
T N O C F V B V Y Q N I R K E I
A T H I C K A S S H I T B H A X
B P O X C H U D A F U J Y V M E
```

SHIT CANNED   FREE LOADER
PIGEON   DETRIMENTAL
PERTURB   CHEAP
PUSSY   NEEDY
HORSE SHIT   THICK AS SHIT

Puzzle 50

BUTT FUCKER
BITCHES
PISSED
KNOB HEAD
ASS SHIT

AWKWARD
FUCK BAG
DICK WEASEL
TITS
WOUND

Puzzle 51

CHESTICLE
VICIOUS
PUTO
PSYCHO
BUTTER FINGERS

SCREWED UP
FUCK STICK
COWARDLY
DEPLORABLE
DICKBAG

Puzzle 52

MENACING
DUMBFUCK
ARSE BADGER
CUM GUZZLER
CUM JOCKEY

UPSET
DESPICABLE
FORGOTTEN
CUNT
TIT

Puzzle 53

```
W X R O I S P Q F G U S K D F U
L T T G D F I F C V E V Q V L N
L I Q N X E R E K O M S E L O P
J F L I U W G T Z P R T O W P E
T U D R B H Q R Y P S W Y F A P
F Z K I C P Q W S E K V O N J E
O C G P V A J M O J Z O Q F G N
C E W S N V D B F J L Y C H Q I
A P X N T M A X J S I D D A H S
U K N I G D R T L P E C K E R P
C L U N G A V C T O U D B N T U
A G M U C X I A C O R W C I X F
O X G N I S K W G U P H J T O F
O H R F A H B G N I K M J W Q E
S D S B Q S D K A M N A N I Q R
U V Z Q M H W J V Z Q A X T X B
```

PECKER
POLE SMOKER
UNINSPIRING
BASIC
BAD

PENIS PUFFER
FOOLS
NITWIT
VAGINA
DRUNK

Puzzle 54

NON STARTER
SUCK ASS
PILLOCK
HARLOT
CHEAP SKATE

SPLOOGE
MISUNDERSTOOD
FORSAKEN
MALODOROUS
DISHONORABLE

Puzzle 55

COCK MONKEY
SHIT MAGNET
APE LIKE
FUCKING
CRYBABY

ASS GOBLIN
STINKING
GREEDY
ODDBALL
SHITE

Puzzle 56

```
D L H K C U F R E T S U L C W U
E U C K G R U R J D Q C F P J F
S Z O X J I Z S E Y U F N X T S
I F N M P O D G C M A D D R H I
P D T N T B N E B M V L E Q I A
S W J O M A M U T T Q W F M T E
E G B M R S B J P N M N O C K Z
D Z Y E B B D J Z L A O L A O A
S I D Q L P L V G N C W S G J A
L I U E D I A T J H H T N R P W
N I E Y D O N K E Y S J S U E L
M Q V H N C B R H I D T H K V N
P N W T K Z P U R X O J U A J G
R S F L W Q H H M O G I A J B V
A Q F K N T C W B A E K Y K W F
J B N P D P Z M B P E B O L F Q
```

DESPISED
DERANGED
QUIM
MOOCHER
DONKEY

CUM BUBBLE
UNWANTED
CHRIST SAKE
CLUSTER FUCK
KYKE

Puzzle 57

PREJUDICE
PITIABLE
FEEBLE
GROSS
GAY FUCK

WUSSY
ASS BANDIT
BROTHER FUCKER
COLLAPSE
GAY BOB

Puzzle 58

DUPE
FUCK BUTT
PUSSIES
DULL
PITEOUS

NON DESCRIPT
UNWHOLESOME
DIPSHIT
SOBBING
PENIS

Puzzle 59

MALICIOUS
GAY FUCKIST
DOLT
DENIED
DAMNED

HOMO
UNDERNOURISHED
JIZZ BREATH
REPELLANT
CURSED

Puzzle 60

```
R E H F L Q D M J K P N S O G Y
C Q L O Z Z B G L V T H L N L A
Y U D X D G X O L W O N O O P U
G D U Q K A Y R R E N R H W S T
Y H M E M B U A M I I H E M S W
Y J P G B M C W I R N V T O E D
B Z Y U L X E A L U Y G H U L L
H Z H E C D D V K S Z X M E E A
J C J L O S R H B X Z Q M L P P
T Y I A O G O E Z L Z U Q E O N
Y V C N T N R D T K E D K C H A
Y L Q K E K Q M L T Z X O C A A
J U E Y R W T F Q I I R E P F K
F S P Q Y G I L W V D H W C Y Q
O P N O X W E C H D K J S D Z D
B M Q W F C D J T G V M W N R A
```

CHUBBY
POON
DUMPY
HOE
BORING

COOTER
HOPELESS
DILDO
LANKY
SHITTER

Puzzle 61

SICKENING
FUCKUP
GANGLING
COMMON
BUNGLER

BANAL
BOLLOCKS
MOLDY
MCFAGGET
CASTAWAY

Puzzle 62

```
D Y W R R C O C K N U G G E T D
T B R X D R A G G A H U P B H N
Z E I E B Y N G Y M Q G D G G W
L K G P K T C A A H S F G O N Y
T C M X J C M R S W T O C G H U
X O U N P R U I E N D L B H R Q
V C I Y G N B S A G M C I K U Z
R T Y L S B P S R P N M I Z R N
A O V J U W A B U E O I C M E Q
K G P R A E H N H T K D G V K I
Q G S J L U T U Y L R C P Q H H
C A E P G A J T F K Y A U N E N
K F N N F B W V Q S R X M F K B
R U W W V K F J Q J K I G P V B
U T A W V X Y I K E K H U F H O
W D K T I C C F J C P K A Q Y F
```

GINGER   COCK NUGGET
PUNTA   QUIRKY
FUCKER SUCKER   TRAMP
FAGGOT COCK   HAGGARD
UNPLEASANT   RUBBISH

Puzzle 63

DIMWIT
PILGARLIC
GOOFBALL
STAMMERING
COOCHIE

IGNORANT
CREEPY
COCK
GHASTLY
GAYDO

Puzzle 64

```
Y V W S J L N I U S J E W V J P
H J L G W G O B A P H R K M L U
X H O S P V A D O W K P Q Q O H
X B E B O Y N N A X Y H L H K R
B R C C M D Y Y W K C U F S A S
E I D S S S P A L F S S I P I G
T Y A N H N B E G I W A H V W G
Y K E N D I F T B Z S G A F M Z
Z D H N G A Z Q Q S Y I P R H Z
L O T X H S C N F Z O B U M S G
J K I Y A H D A I J W R E V E N
J S T D Y D C F Y T U W G V P R
V J H T A E R B T I H S O L Q T
F R Y X N E R P N L S Q O B Q Y
A J F N Y N I U G Z D U F H V K
O K U C L R N C N O M V Z X J M
```

SHIZNIT   SHIT BREATH
BUM   TIT HEAD
SAD   GOOF
ASS FACE   NEVER
PISS FLAPS   FUCK

Puzzle 65

REPULSIVE
SUSPICIOUS
CREEP
STRESSFUL
COCK SMITH

JERKOFF
SCRAWNY
DISHONEST
TWAT
PROSTITUTE

Puzzle 66

```
N R J R L O W B R E D K F U Z F
M J L P T G R Z M Q I G R X Y E
R Q Y A R N B F T Z V X L E C P
W H A D A Y Z F R K I N P V J P
V J U N W I F E D P Y T F D L B
S A V G H A J P G Z Z H T A R U
K I X S U E P Y E E N A N I W N
S W R L C F X S T N B L E N V J
D F T T S X T S B U Z B R L T M
Q Y T H F O O I Q G S L E B W M
D O P C V Z F S F O O L G O H H
U S J Q G S O D W H B X I N T J
O N E F C L L B Z C T A L E B Y
O M K M U B U X Y O U V L R B E
H Y H Y J M T S F N Q E E H W
H P O X E Z H D M P W O B X V J
```

REJECT
SOD
FAULTY
SISSY
BELLIGERENT

INANE
FOOL
LOWBRED
SHIZ
BONER

Puzzle 67

RABBLE
DUNCE
FUCKTARD
PANOOCH
FUCK NOSE

HOMELY
GOOCH
UNFAVORABLE
ASS JABBER
CALLOUS

Puzzle 68

```
Q E T A R I P T T U B E W B G N
I D T M A L N O U R I S H E D W
Y F S C A R Q E E D A C J A R W
N H Y Z E Q M F L T K B I K B N
C U J K E F F S U O J U S V T K
C V C U X F R I P V H X P E P A
T U I Q L T Y E T Y X K G F J T
F Y C R A Z Y L P J H D C Q H D
F K F L S D R G K M I L G U W W
R J V T W B P K Q M I R R A F U
O G M B A H V R N B E Z O Y M J
O Y P P R I M I T I V E W I R B
O E J R Y G M D F X R Y Q K I H
Q T C T O V L K H H Z T S N G J
P E S Y Z J G Q I D T D R L F N
P R B J D E A D L Y C W H N S C
```

MALNOURISHED   IMPERFECT
FUCKHOLE   WARY
FUCKER   BUTT PIRATE
CRAZY   PRIMITIVE
DEADLY   MIDGET

Puzzle 69

```
T B O A N A F X I C X A Z C S C
F I H L G F S F M Z G B G O X Q
Y Q G D U D O D F D N C L A M J
S Y Q M D T Y N E B Y H I T Z H
L X E S O U O T O E Y J Z Y Y G
Y V H H P G T F R O I H F L A A
L D D E I G T P U K D X X S C U
S A F M U V D T J V Y L X C E K
E P G C I T S I M I S S E P V I
C C A V E M A N K H U L U O N I
N I A R B R E H T A E F Q A X S
U U T K F U C K T A R T N K K V
D T A D I W Z S L D A U R I N H
E W I L Q N M Q F K P P B I Z V
M T P S T I T X A Z Y H B T G U
S I M I R E S O N N W O R B K Q
```

FEATHER BRAIN
MUFF
TITS
FUCK TART
PUNANI
NOODLE
CAVEMAN
PESSIMISTIC
BROWN NOSER
DUNCES

Puzzle 70

JIZZ STAIN
ASS HAT
DAMAGING
ASS HOLE
DOPE HEAD

OAF
HAYWIRE
FAT
PRICK
FUCK ASS

Puzzle 71

DEFORMED
DUM SHIT
CONTRARY
NAÏVE
GIMPY

KNUCKLE HEAD
DICK WEED
LESBIAN
RUINED
VAJAYJAY

Puzzle 72

KOOCH
ASSHEAD
ASS HOLE
HARDHEAD
SKANK

SHIT CUNT
APPALLING
FLAMER
SHITSTAIN
JOBBY

Puzzle 73

```
V A X B W Z R G P I T A Y W Y N
E A W E K M M K Q G J F S Q U I
Q Z Q G O D D A M N E D R E S L
V N D F C P G K J L B U A F A V
E E D V H L O T O G V C W K Y A
L K M M D W S P I L T A W T H H
T A B P A A D V E R S E A U B P
F S U T B O O B R Q N N M B W P
K R M B I B E E H S U P J U P B
B O U D J G L F I S I R M F U U
I F F E J L I G T N P F Z G B N
A D C W V T C X G E N I R V R A
N O S M Q Z E L P R A F A J L D
J G H Q S J B D D I L U J Z M K
E Y S U L N M E S A A G I K U U
A E G G P L I J A Y M R O T S G
```

GOD FORSAKEN
ANUS
STORMY
IMBECILE
ADVERSE

TWAT LIPS
HEEB
GOD DAMNED
BOOB
HUMPING

Puzzle 74

```
N G E B Y H K B E E N J F D Y V
F Y D Y C U T L F L U V G F C W
Y D R E A D F U L H T Q A J Y A
W B T D Y L H F Z D R T W M V S
B P Z D R R U O N W H M C Y P R
L A Z H C C E M D E K N D N I G
U S Z X K R H B R Y D H T H P A
N S E S P E J F B R P R I S M A
D F S B Z X U F A U F R U U X R
E U E F A C D T G G L O S T L N
R C U V K Q A N F P I B Z M H K
E K U E S Z P T O C I C V D M O
R E R U A Z E I O W U U V O J S
R R G I T B A R G S Y S U O L A
G E D K D I T T F I D N D H S B
H Y I A N A R L M U G K T A I V
```

FUCKS
BLUNDERER
FATHER FUCKER
APE
LOUSY

ASSFUCKER
MUG
ATROCIOUS
DREADFUL
BLUBBERY

Puzzle 75

```
O P D Y D I R S U Z I L O M J Y
T Q S H K E C M Q Y A P M A K O
C C E Z E D K P Y U A U L V K P
F L C D I V E C H H E H N R Z P
J I P W R L D B I Q Q Q G O G F
F S S H O P D O R W G T N B E D
D H Y P V N Y E C A R D D X M I
G S C B P G S W N K B A T F O K
F F H E J D S H D S I M H V B J
Y A O L G F U T Y E Z N C M Q H
B K T G A O P E T P I U G A J C
D U I E S S P T L X L M H B R J
A X C B H F X I I W K Z Y A U C
O Z Z K G U A E U N W E P T I X
D N Q U H T A H G W Y J K Q S A
K Y U F O L S K I S E C Q B L D
```

BARBED
CRAP
STYMIED
PSYCHOTIC
DIV

WICKED
GUILTY
GASH
PUSSY
DOCKING

Puzzle 76

```
T Y D C E Q F G J U U W X A Y H
I L H R E K C U F K C I D L T Z
G X R S I W E T U L U D Z E T I
Z A O T H B C O K K F T E R Z X
R A G L U V J C X R P R E G M E
N J S H W R L E Q E A Z X N D H
K C P D K I N K R J Z I O O E M
X C R R T E B G P K D V J M N B
V A W F Y P I S S D A W V K I H
I R A V D W A C K J G S E C M V
E C O G O R Q H Z C P V S O R L
E C S A Z O A S V V Q X X C E R
P N R U U Q Q T N G M E N S D Y
I C N S S A N X I O U S E S N D
B Q R F O R N I C A T O R L U W
D V E T F F F R D Y Q N B F G I
```

TARD
CLIT FACE
FORNICATOR
VULGAR
JERK

DICKFUCKER
UNDERMINE
COCK MONGREL
JERK ASS
ANXIOUS

Puzzle 77

```
T A D I N X X J P P R A P P Q J
W C K I M N R H P R S T T O N W
E P C N C P I I F K R Y K Q A Z
A Z D R M K A A U T W E H I S T
F S W A Y A B D T Y M Z J D T A
O K Q O E B Q E E S X X T U Y B
G W D Y N I A F A C S J P X O Y
G U S O I P G B B T A S R R O X
K Y O T H Y P A Y P E F I M Q Y
D L K X S L P H F N E R O P E J
M V S N P E N I S B F U S O A K
O S K E U M Y W Z N A B Y A P N
I Z B P W J S K V E J L H M P Q
S N U V P Q L K R T S Q L L X K
O H U H N U T S A C K L V S L V
F J A L X B F Y Y W T L W Z U L
```

BALLS
DICK BEATERS
PENIS
LOON
NUT SACK

PISS STAIN
CRY BABY
JUNKY
POO FACE
NASTY

Puzzle 78

CUNT SLUT
STUPID
DICK TICKLER
DISGRACEFUL
BITCHY

APATHY
OBNOXIOUS
COCK BITE
BELL END
SKELETAL

Puzzle 79

TART
DOPEY
COCK FACE
BUGGER
TENSE

NO
SCARE
CLIT
CLUMSY OAF
SUSPECT

Puzzle 80

UNHAPPY
SCROTUM
YOYO
DORK
CUM SLUT

SHITHOLE
SINISTER
TRASH
BRAINLESS
ANNOY

Puzzle 81

COCK HEAD
IRREDEEMABLE
FUCK WIT
COLD HEARTED
NUMB SKULL

JESUS CHRIST
JIZZ
JACK ASS
WITCH
HONKEY

Puzzle 82

FLANGE
SMEGMA
KOOTCH
SLUT
ROCKY

PISSED OFF
CRACKER
TOSSER
RAVER
DEPRIVED

Puzzle 83

```
R  G  Q  W  A  L  Z  Q  J  W  W  F  Z  T  B  Y
P  A  Y  M  V  L  I  R  C  E  L  H  X  H  H  E
Y  I  T  F  P  I  R  N  D  R  M  A  J  A  G  Z
T  Y  Y  H  K  W  F  O  A  O  E  V  I  N  R  Z
D  C  X  L  H  B  H  Q  W  V  H  P  D  U  G  S
O  D  F  N  B  C  I  P  I  O  S  L  D  H  T  T
X  D  H  J  I  N  L  S  M  Q  D  E  E  L  A  K
W  E  F  F  S  C  S  K  U  U  L  M  O  M  M  U
I  D  K  I  K  E  R  E  M  E  V  D  U  Z  Q  E
X  R  P  H  R  A  E  B  V  I  Q  S  S  D  J  M
P  I  S  P  L  R  S  E  W  B  H  R  M  H  C  H
D  X  P  L  H  H  H  M  X  B  M  G  F  V  H  Z
U  O  I  O  I  S  R  D  G  O  V  X  O  W  B  J
H  P  L  T  I  N  O  G  D  F  A  S  R  J  V  N
Q  E  H  D  F  Y  Z  C  J  E  A  L  O  U  S  K
T  E  T  C  K  P  F  T  W  U  P  Z  B  J  C  O
```

DUMB SHIT
INSIPID
CHODE
QUEER HOLE
RUDE

PILLARK
DOLTS
DISHEVELED
OPPRESSIVE
JEALOUS

Puzzle 84

```
Y V Y W J M S K F E E L M W I M
H V D L E S A E W T I L C M S L
L R U C O C K B U R G E R P X Q
R J R Y C O C K S H I T X B Q K
Y W R E K C U S K C O C C C Y Q
Y Z X G S R D L P Q M U V V R Z
X C I D S O K N B L C D Q E K Q
S U E U R T L G S K R M K C A O
C I P V U W E E O A G C U X Y Z
Z P P A S N H O T H U F X O X T
H F B T J M D K D F Y Y O F Z K
U M I C K Y C X K T T I E F K S
L K Q P U U A C T V J T U L C O
Y G K B F U O I B Y C W K J X J
U D A S W C T Y Y R W S C G M J
Y L G O T Q P V V K V J B Y E T
```

COCKFUCKER
LOSER
CLIT WEASEL
COCK SUCKER
COCK SHIT

MICK
FUCKTARD
TITTY FUCK
CUCKOO
COCK BURGER

Puzzle 85

REPUGNANT
ASS HAT
UNTOWARD
HOMO DUMB SHIT
DEBILITATED

SHITTY
ASS CRACKER
FUCK FACE
SON OF A WHORE
WENCHES

Puzzle 86

```
W N K R A L K P J G X I J D C T
L S N F W Y J N Z P P Z L R K N
M N W E L L L U L F S X W I E U
H Q A A B M Z L V N B V J G J C
G G K K R U C Q U M Y A C K E R
S R J X C S W X V F T L P R E E
Q O H X J U Q P D W E G U E M D
U T A F B J F L U M Z T D X V N
A E S T T T P A U W A N I I G U
L S X I J S O I H M E C N P W H
I Q T B R G A F M T M R W Q S T
D U W D C O Z I V T O R C K A B
C E Y A W G H H V I G M S S P L
V Y M O G J B B E B X Z H X F C
S R E V O H S U P E S O V P U U
A A S S F U C K E R K J U X Y K
```

THUNDER CUNT
GROTESQUE
MOTHA FUCKA
SCREW UP
PUSH OVER
IMMATURE
SPITEFUL
TIT
SQUALID
ASS FUCKER

Puzzle 87

```
K Y K C U F T I L C W E V E D B
O W D Y X V S Y H Y J J T Z G S
H M X R D O S S R E F M P A O X
B H R A R M J E W N H V V F M O
I F P F U C L F C M T C F P E X
I Z O S V I B Y T N A C U M B F
C L T T O F A I L U R E M O X V
X S U P V S V Y M Z L N Y U D B
E H S M J G S R V C B E O C A L
Y I F M P F E S D T C F Q C K L
M T G B B Y Q U S I N J U T R R
H H Z Y P S A O A C U Q K N O F
I E Q F O X N I T L F D U P T H
K A O B X C V D X U O Z K P I O
N D Y L G U P O M U Z J Q E I T
F S G L K D E F E C T I V E R K
```

CLIT FUCK
SHITHEAD
UGLY
SPOILER
DOUCHE

DEFECTIVE
ODIOUS
CANT
LUMPY
FAILURE

Puzzle 88

```
M U N V U F Q G U F Q G W M J Q
X E T J Q B U J I Q M D C S E X
E V H D F C O C Y S X P Z D V Y
Y L E H R T O U K N D E B D I K
W X F K W D A X V F X E G Y S O
T H D P E F K Q P F A P L N O H
N W H A U S W O W N E C L T R X
J M P W V E I Z Y L M C E W R T
U V U I I S R H W Q O L K A O P
Z A P S O S U I R S C Q V T C A
A W G N Y X E U L W P Z T W F Z
I A O B N Y R H M E V I O A L Z
U U R F A I R H E A D C G F R B
S N G G G L T I W W Y V D F J P
G E D J N C N Y U C F M A L P R
D T H T L L O A T H S O M E M K
```

CORROSIVE
PUERILE
SPAZ
LOATHSOME
TWAT WAFFLE

FECK
AIR HEAD
PAEDO
FUCK FACE
POISONOUS

Puzzle 89

```
U U M H U T H R Y Q P D R O O Z
Q B W K T C L D U M B A S S I L
J I J A C X D A A U D T R N N R
Z K K S H I D Z L U Q R Q I R D
M G Q Q M B S S O A E H P K L P
L T W C U Y L I R L F A N I A J
U L M A V D U E B R R D O V E B
S B S S X F M E A P Y P X H L
A C B H Z F U A S P U E O O U U
E P L F U B K I O G S H R F V J
Q O V D W L T O K U C R I L R D
O N W C R I R Z G T I T D S N A
O V F L C A R V G B I G F A J L
H F R K N L N H L P C H O H N O
Y O I N O O X E E G N U L C T F
K L D W U S T X P W C P C E N F
```

PARASITIC
CLUNGE
SICK
HORRIBLE
DUMB ASS

POOR
FREAK
BUMBLER
DUFFER
PITIFUL

Puzzle 90

LOSE
LAME ASS
SCARY
SLUT
DUMB ASS

HARD HEARTED
NITWITS
IMPOTENT
NEGATE
BLOOD CLAAT

Puzzle 91

MESSY
YUCKY
LAME BRAIN
BUTCHER
PRAT

HELL
BROTHER FUCKER
MUNTER
DESTITUTE
TOM FOOL

Puzzle 92

```
H D G X E O K C U F E L B M U B
X P F O R C X X C C J P S L F W
Z Y I K N F W O W E I F U X A O
V V L N U S H Z O D F A D S V F
M S U S H K Z U U C R K S Z N F
U K U L A E S V U G O P B B C E
I W M Y P G A Q F R I M Q G R N
B Y P Y J S B D G R N H O V F S
Z T L T L P S Y A E F L I M Y I
X I R T L K P T I O L U R E B V
P K K A H B E Z E U J Z M L B E
G S I U A G Z E M P U K X N T B
R N T G Y E I S M G V T C D B J
A V E U L X S S O R W Z Z R X O
V L W T C N W E N X N C P E W C
E K O M T K I X O U U F C L Z K
```

BUMBLE FUCK
LEZZIE
UNSIGHTLY
GRAVE
GOLLUM

PLAIN
ASS PIRATE
OFFENSIVE
PINHEAD
STUCK

Puzzle 93

```
D H D I C K M I L K V R R V D R
R A E M T K H J P W D N P E Q P
O N Y L I H C W Z U K F P P A S
N Y F J S R U Y N P N A M T B O
Q C T U D S J N O J M E M A L N
S P V V C R E O D S V B P C N O
U Q O N W K N S K E I N N U C F
Y L M B Q A H M O A R U F R T A
H A C Q N Z T E E N E C K S K B
D K X Y P U U F A H K C U K A I
V S H M O Z O K U D N C M N T T
H S K L C B S H Q C B M O W T C
V Y X U S Z E P G Q Y E L C A H
K B K E P H Y T T K I C M H Z K
G J L S U C S Z E M W L F I Z T
R F A F W M L R F P L N A C I M
```

DAMN
THUNDER CUNT
LESBO
DICK MILK
CUNNIE

COCK NOSE
POONANY
SON OF A BITCH
LOUT
FUCK HEAD

Puzzle 94

```
T U Z L A Z G B U O G F P R G C
C G U C I W R W B E T A H N A Z
I X X T H U O N H H I I P W F F
M W N E Z U U F T E M O Q T E T
Y M M K T T S M K G O V D I O Z
O C W C E C Z Q G N O R K O W R
S C A I K S U R A B E N U N M J
B S B Y K N X N W K U D G Z D F
T H T J W V I I C J X P D I Q X
N H I Y S Z F U K N U I D C R K
X P V P I E F L V C C K D P U I
H R R S B S U S V K G W O G N R
G I T F U V Q M W V E K G E V T
Z C P S J F Z A D V U K P E G H
F K E U Y E D Q V Q Z H I C X I
N J C F T I T M Z E G S E P L H
```

RUSKI
POONANI
DOG
JUNKIE
HATE

OUTCAST
NUT
PRICK
JESUS FUCKER
DICK WAD

Puzzle 95

```
O M Z V P L K O T S L X P F L J
B B N R S B H R K D I A S X Q E
J P A P L O U P O L L O R T A J
E A K K R N X H S C P H Z M C Y
C T Q F E E T C P K W Z I I T F
T H U R T R S S N W C N P N U V
I E W Z S Z F E R Y G I O W U E
O T G Z P M R N L E Y T L E O X
N I G I M D I K R J T A Z S A P
A C J A U B G X O U O N S B S U
B Z T S D U H Y L W D J G E R A
L B S A M T T G B X Y X G E H K
E X W N U Z F R I Q A N K I D D
F G B J C V U Q K U X C S B G O
B J R X W I L T O W U G W W P U
T S S L B E K Y D S J K S I I A
```

ASS LICK
PATHETIC
TROLLOP
CUM DUMPSTER
GLUTTON

FRIGHTFUL
MINGER
SUCKER
BONER
OBJECTIONABLE

Puzzle 96

ABYSMAL
FAG
JINXED
CORRUPT
GOON

GODDAMNIT
SHIT HOUSE
FRIENDLESS
JOYLESS
NAIVE

Puzzle 97

SIMPLETON
JERKS
PETTY
SCROUNGER
TERRIBLE

TRAGIC
SISTER FUCKER
FLAPS
SHITBAG
ARSE HOLE

Puzzle 98

```
W X K Z X T B Z J C K Z Y Y C Y
N K P G A M R T J X T R J D R M
M G R Z F L T O F Z V F L I B F
K H J I U Q F N H U Y J L X O O
T P A Q C Z M X T S S F Z M O D
C O V C K T A S W Z Y V F B Q T
U B R D B D G N N Q G S F O L M
D S Q Q U N G Y W O R S P N Y S
I Z G Z T O I U J B W E H E L L
C P H U T F T D X O C L R H C S
R M A M E J Z R L H Y T Y E N C
Z P D M R Z C F K W D I P A W M
T V M R S K N A B C Y U P D V L
T U M M I D Z S O U J R T A N Y
E L C I T S E T E T B F F U Z Y
Y Q B R U G L F I Y Y K N I T S
```

TESTICLE
STINKY
FUCK BUTTER
DIM
HOBO
SHORT
BONE HEAD
MAGGIT
FRUITLESS
HELL

Puzzle 99

```
K U R Y Q V Q C S L I R E M P M
O F B O J T Z Y E A E B F L L G
R G F U C K W A D C B J E J D S
E S Y I P T W U M F D Y K C H Y
K W E A R Y Q A X B J I D N W
C Y S V P V L S J K V R R O G W
U C J S C E B A W G I D Y T L Z
F F I C A N G L M B L Y M H Y C
R X J L I T U L O F S D X L G O
E H R Q O G N N X W C U N N E H
H W P T H H R U C A J U Z T N K
T R L Q Q P O A C S N O I Z A Y
O R E U H C M C H S O H B U H H
M A Y E W I B A L T L T I Y B F
A Q M G S F M O W A E G W T U T
D O G F E N Q S U H J L Q Y W I
```

CUNT ASS
MOTHER FUCKER
DIRTY
FUCKWAD
BLOWJOB

LETHARGIC
WEARY
ASS
ALCOHOLIC
CLOD

Puzzle 100

```
P J A E R P O C G H T V S V A P
E C M T D L N D E T E S T E D M
T N E M T N I O P P A S I D V I
C G G J R Y B Q W N S N Z P U U
I C U M U V R O P A G U F U X H
B P B T M O A S V O U B N W O Z
A A P Y V X E R U H O W F C J M
B H T W A T S E D Y I E D L H E
U H E T U J Q R H S N S I A U B
L Q U H I G A H E C T O S C V D
L C N U Q H X X C N M T M K I H
S V F O C Y S W R A J A A A Q R
H Y B H G B Y L I F Z M L G C V
I B O X T C H H L C E O J L Z Y
T X W W F O B P P U K C D V S B
U N T X D B E T U R B Y J O R Z
```

COMATOSE   BULLSHIT
UNWISE   DETESTED
DISAPPOINTMENT   TWATS
ICKY   DISMAL

Puzzle 1 - Solution

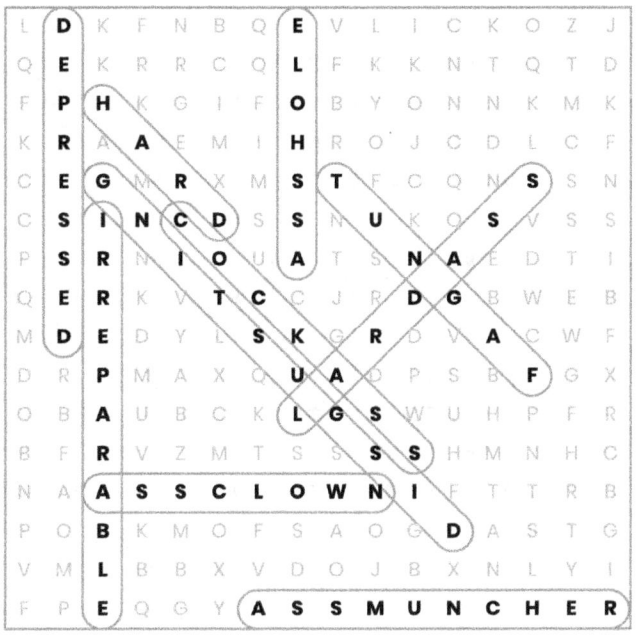

Puzzle 2 - Solution

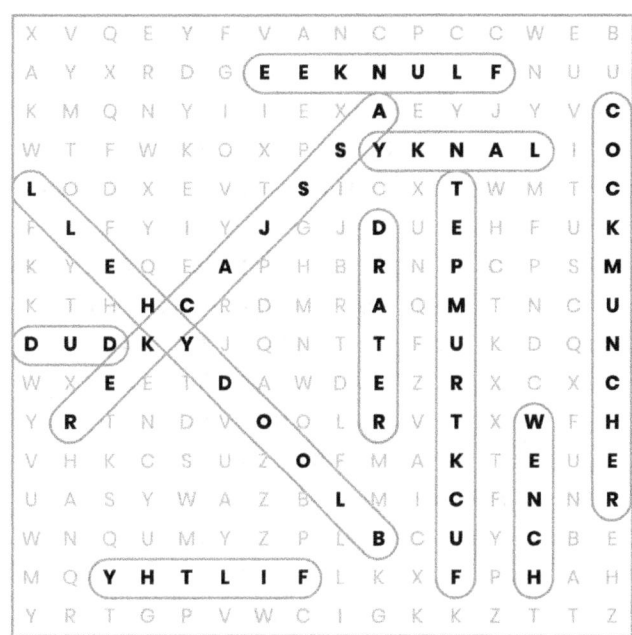

Puzzle 3 - Solution

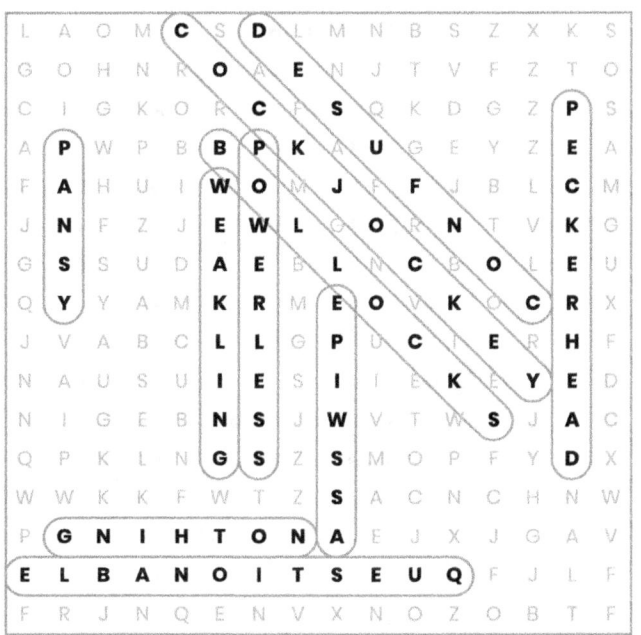

Puzzle 4 - Solution

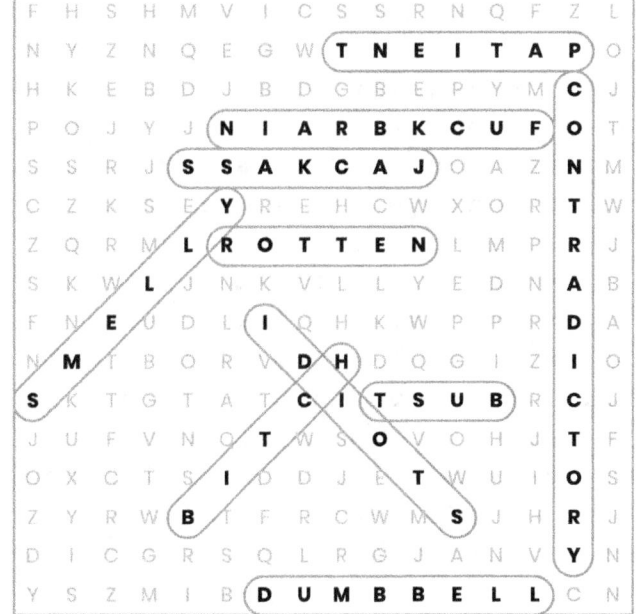

Puzzle 5 - Solution

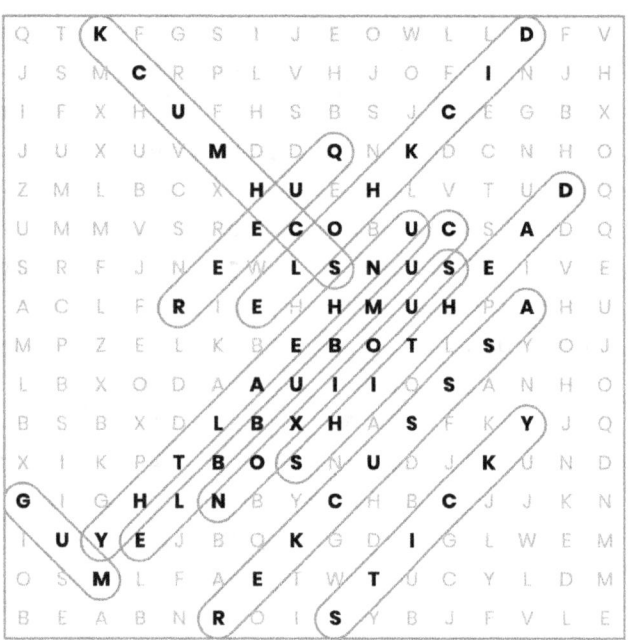

Puzzle 6 - Solution

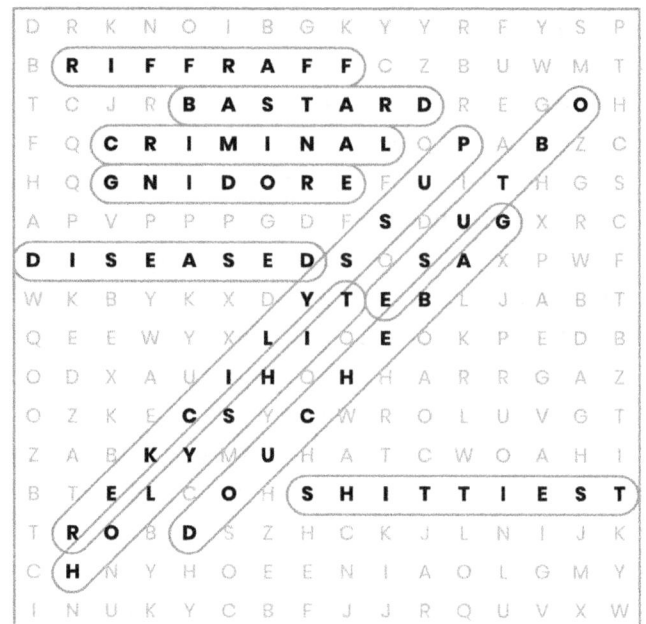

Puzzle 7 - Solution

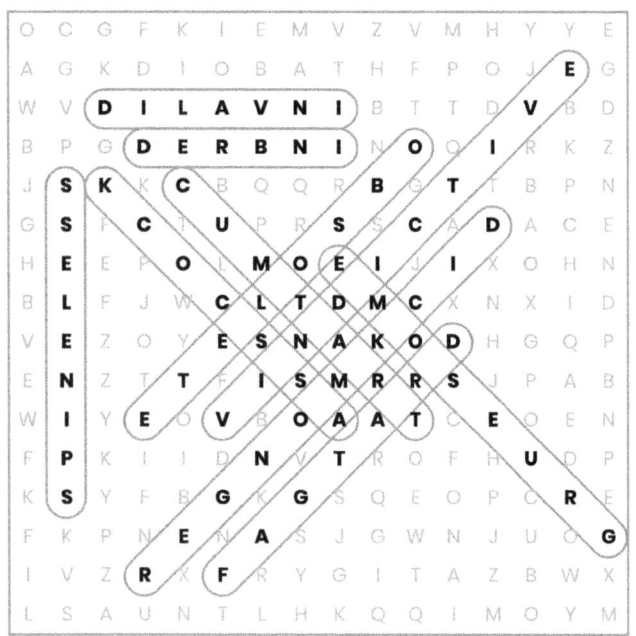

Puzzle 8 - Solution

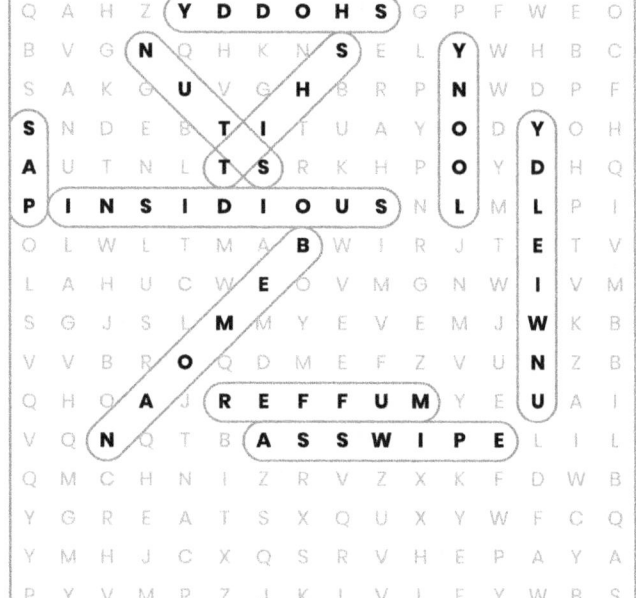

Puzzle 9 - Solution

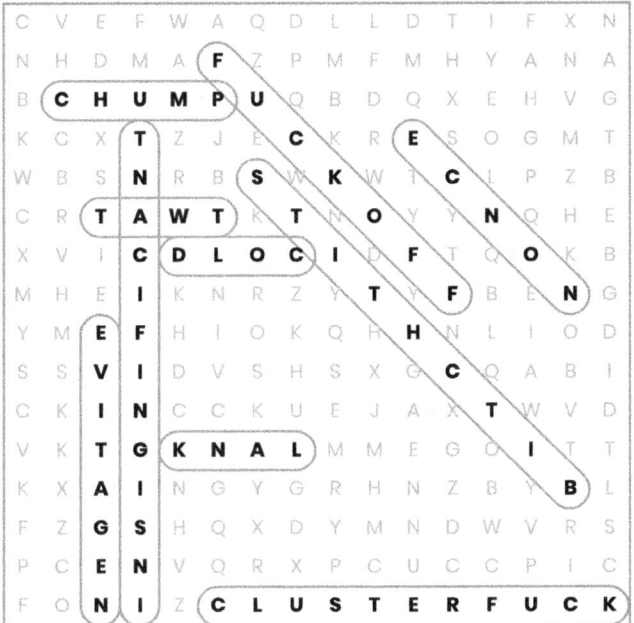

Puzzle 10 - Solution

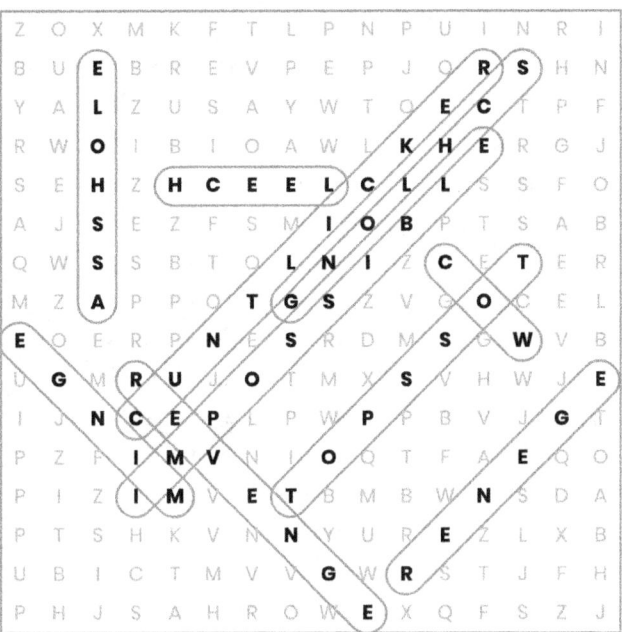

Puzzle 11 - Solution

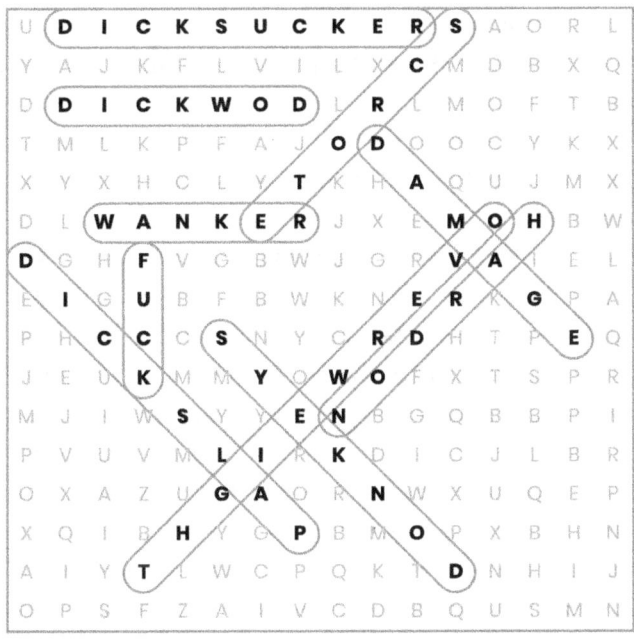

Puzzle 12 - Solution

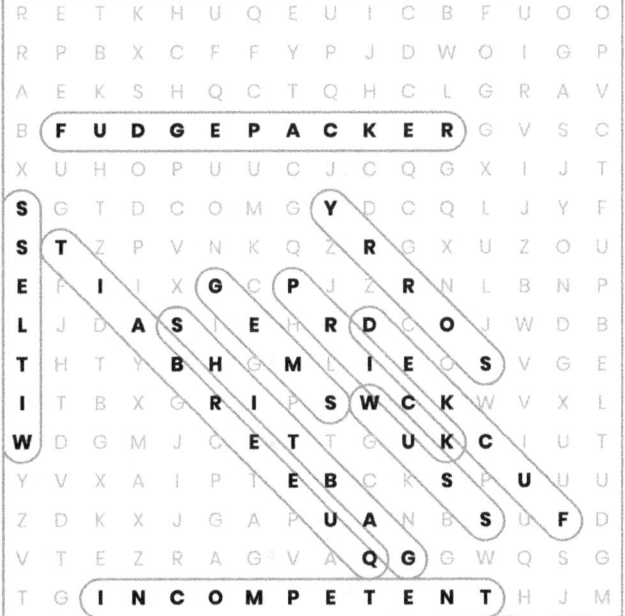

Puzzle 13 - Solution

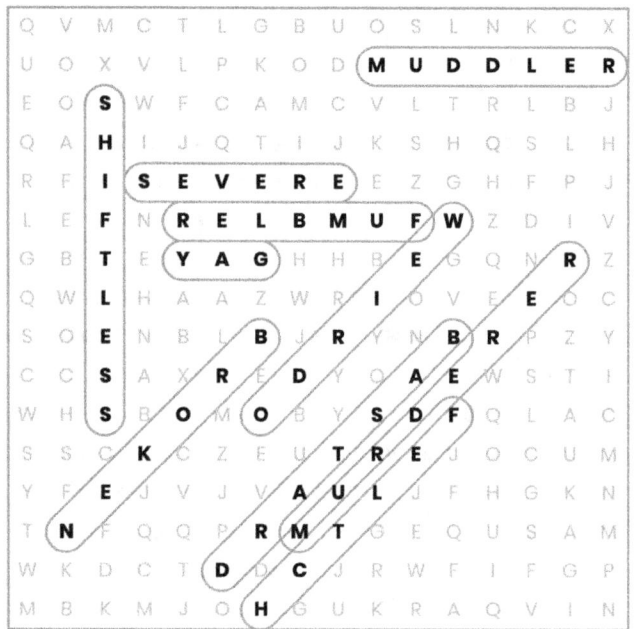

Puzzle 14 - Solution

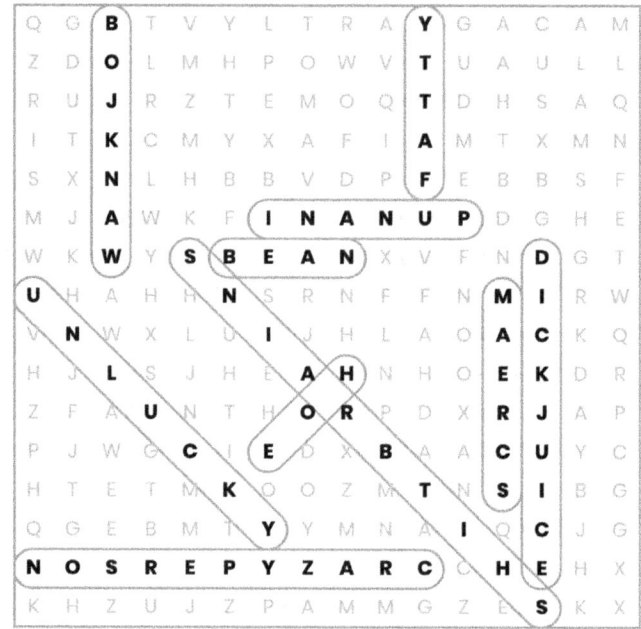

Puzzle 15 - Solution

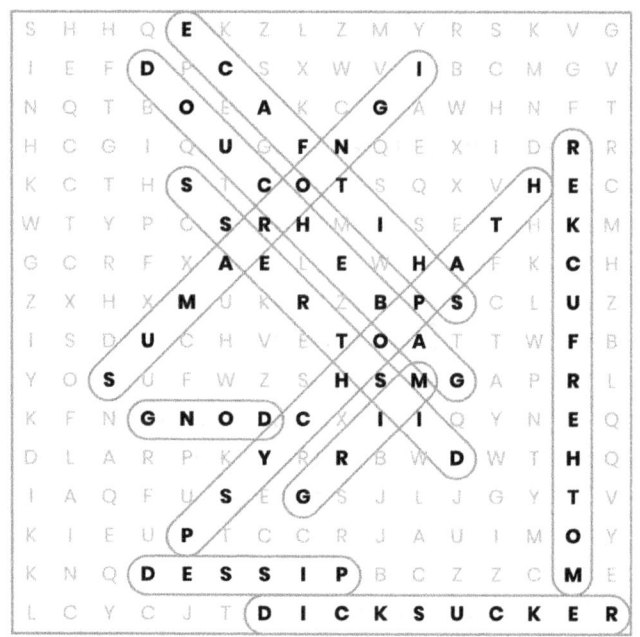

Puzzle 16 - Solution

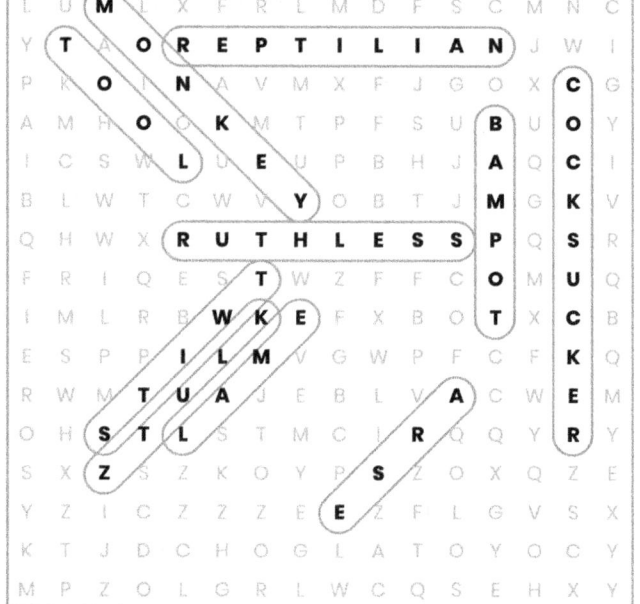

Puzzle 17 - Solution

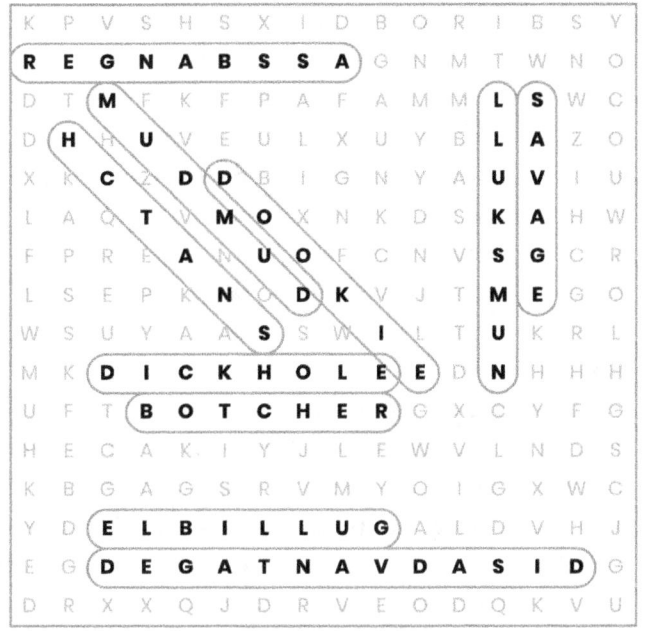

Puzzle 18 - Solution

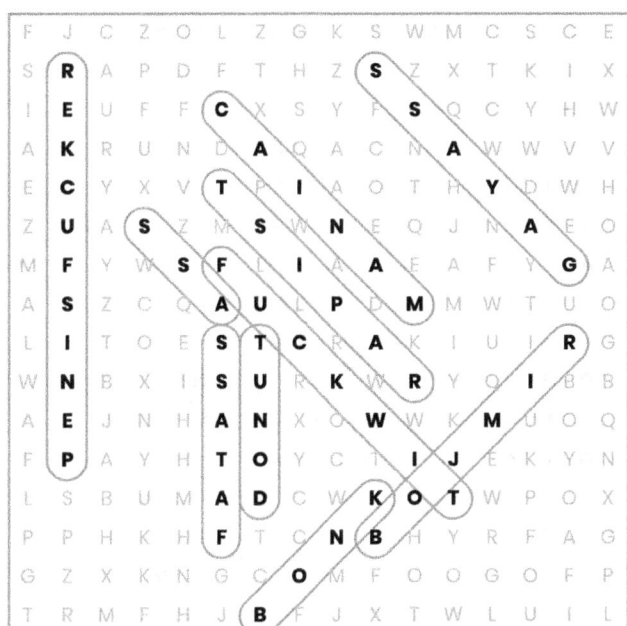

Puzzle 19 - Solution

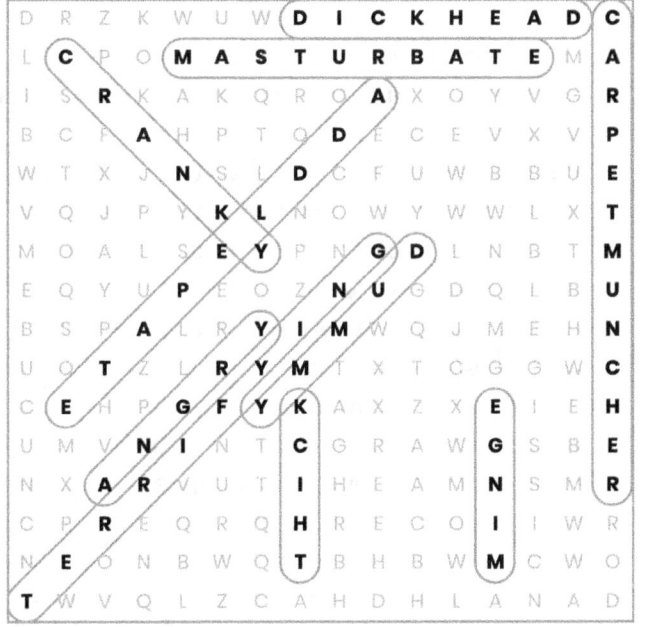

Puzzle 20 - Solution

Puzzle 21 - Solution

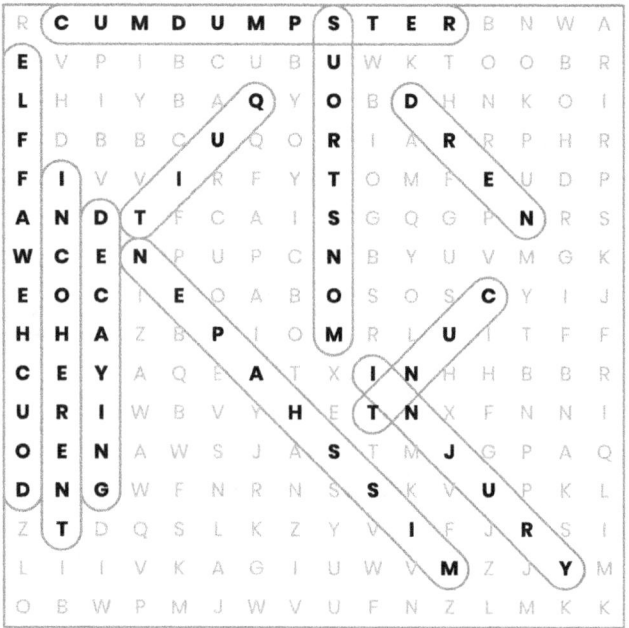

Puzzle 22 - Solution

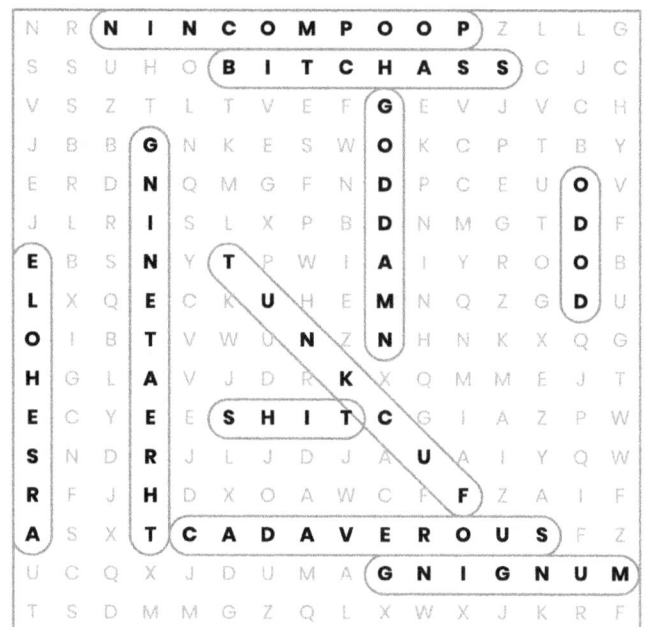

Puzzle 23 - Solution

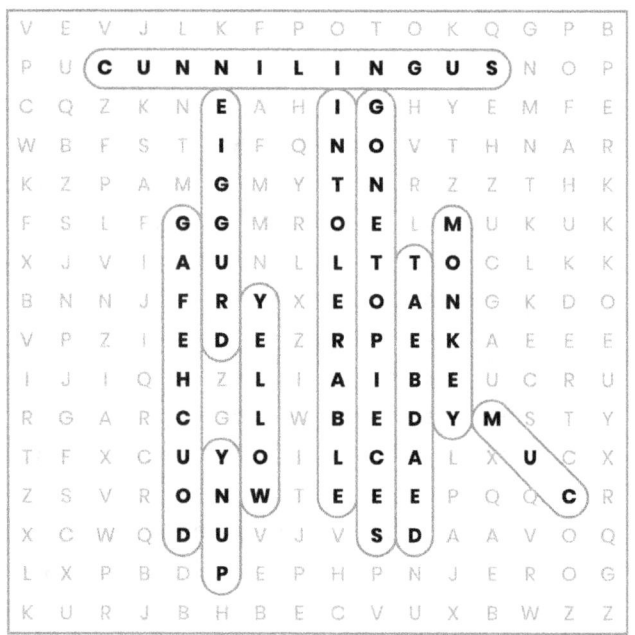

Puzzle 24 - Solution

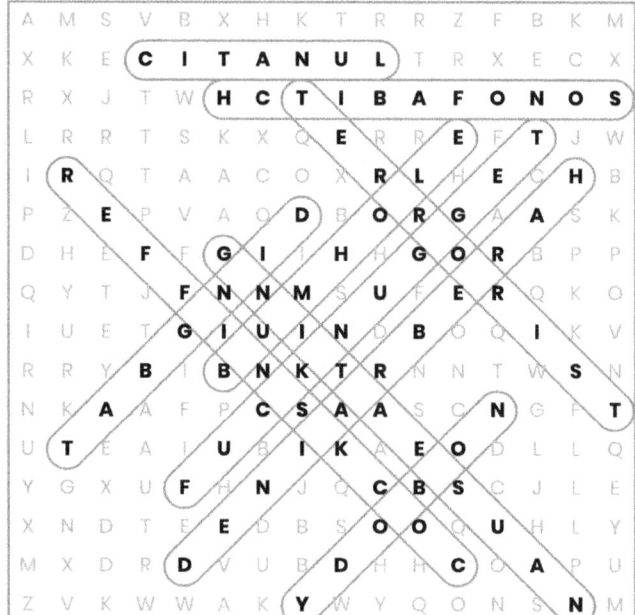

Puzzle 25 - Solution

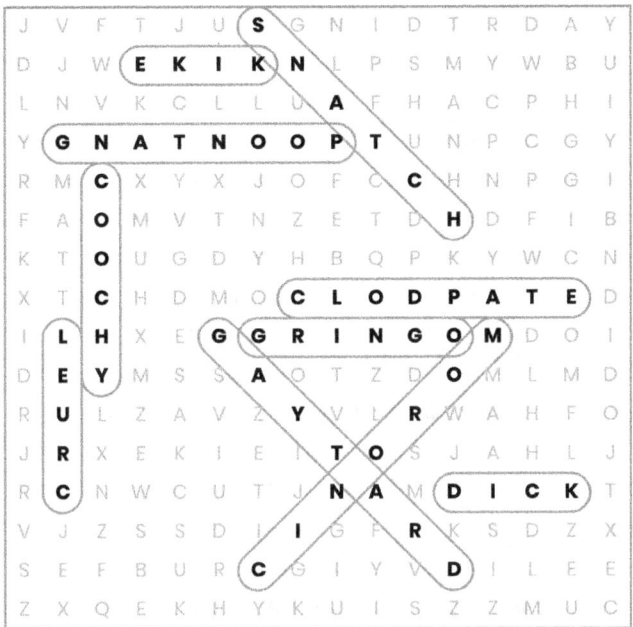

Puzzle 26 - Solution

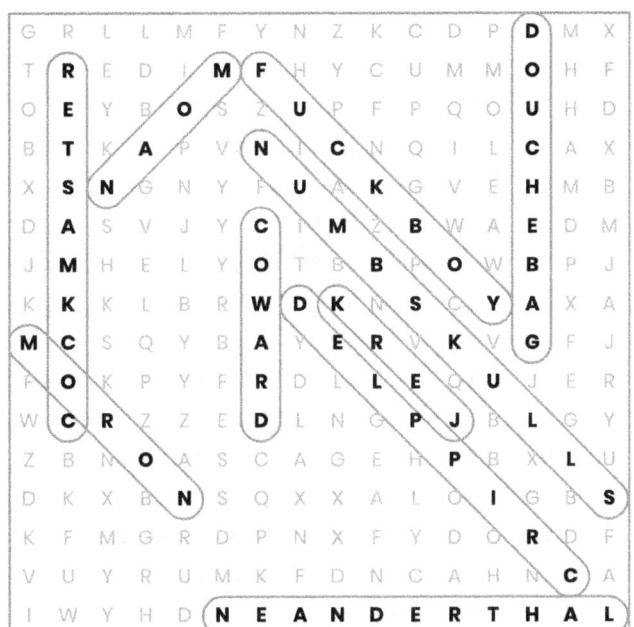

Puzzle 27 - Solution

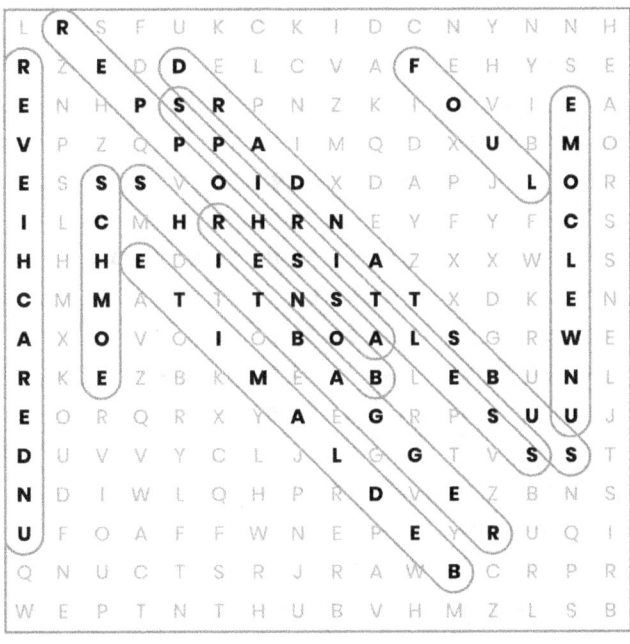

Puzzle 28 - Solution

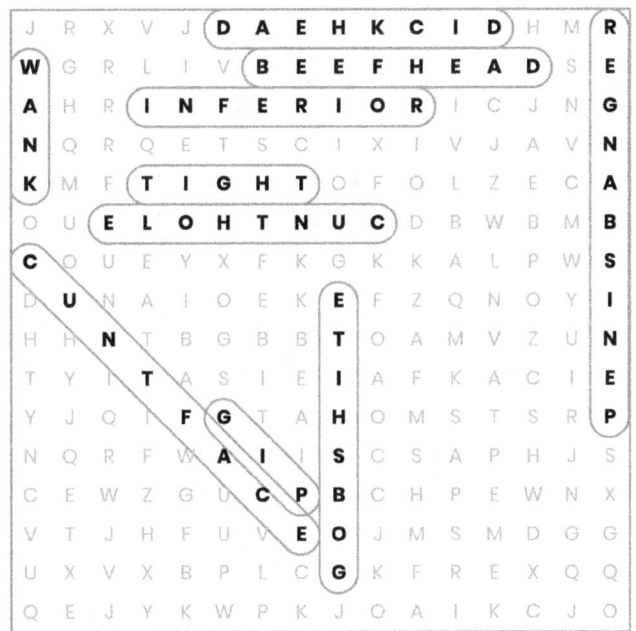

Puzzle 29 - Solution

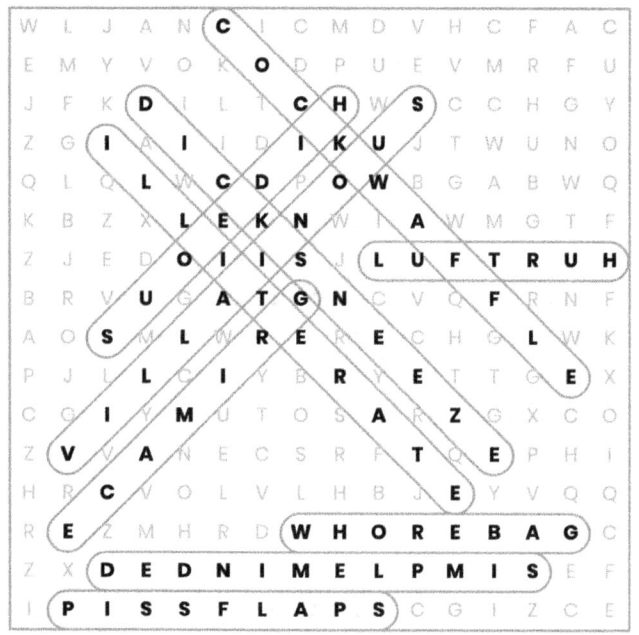

Puzzle 30 - Solution

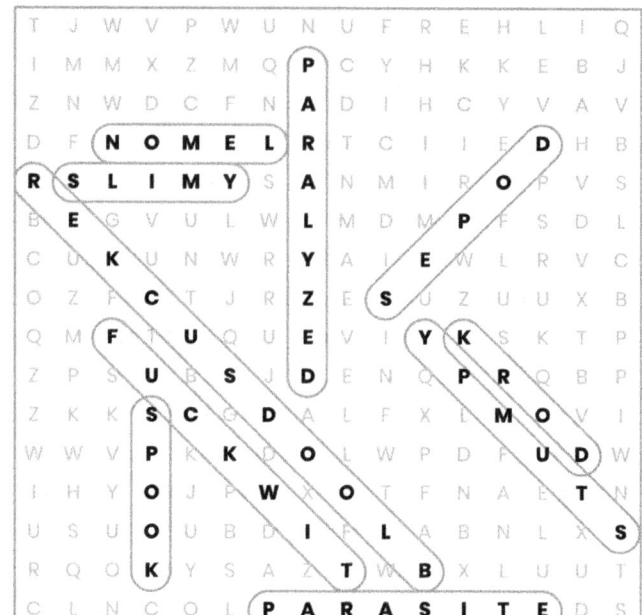

Puzzle 31 - Solution

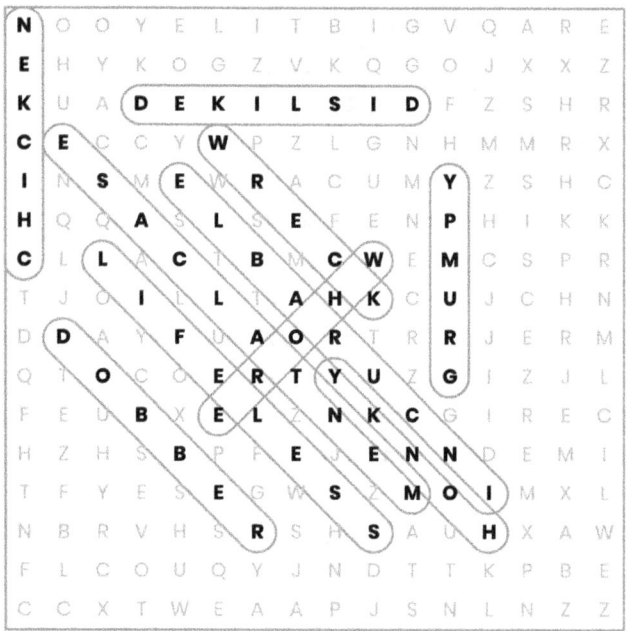

Puzzle 32 - Solution

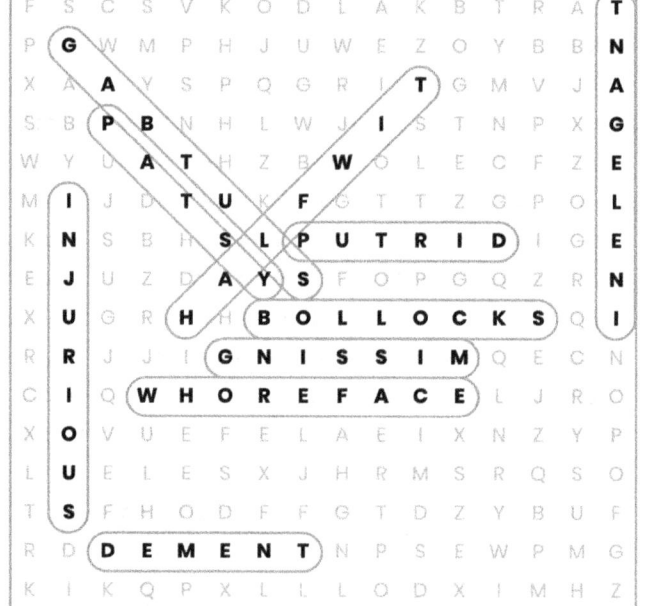

Puzzle 33 - Solution

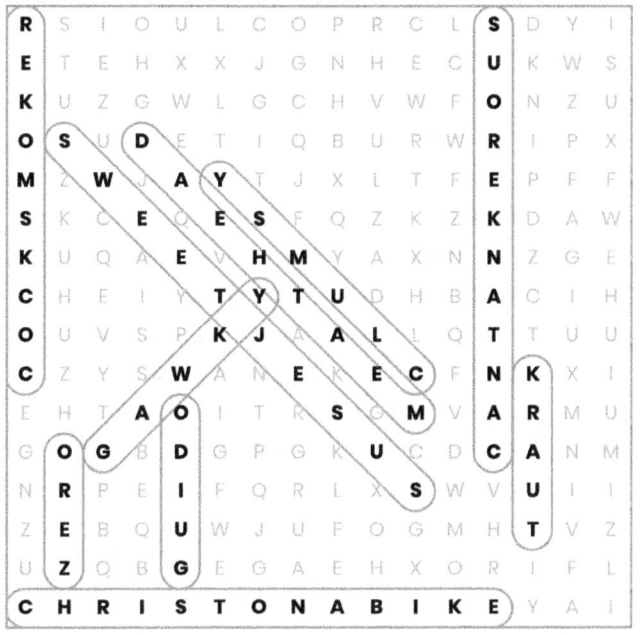

Puzzle 34 - Solution

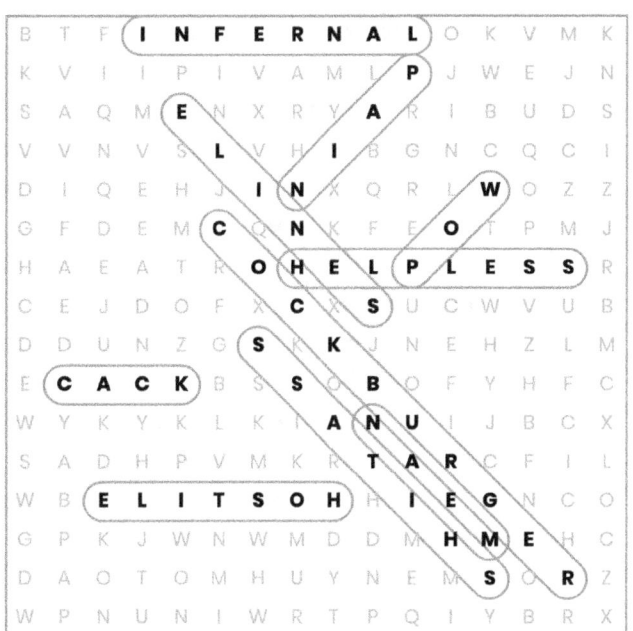

Puzzle 35 - Solution

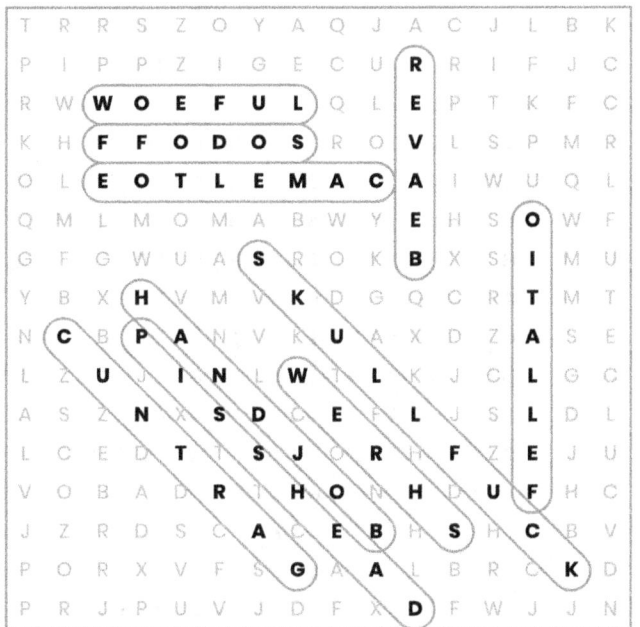

Puzzle 36 - Solution

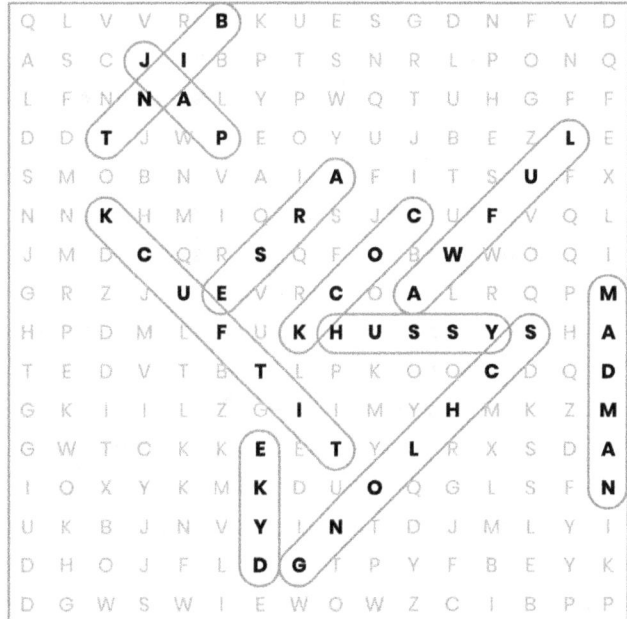

Puzzle 37 - Solution

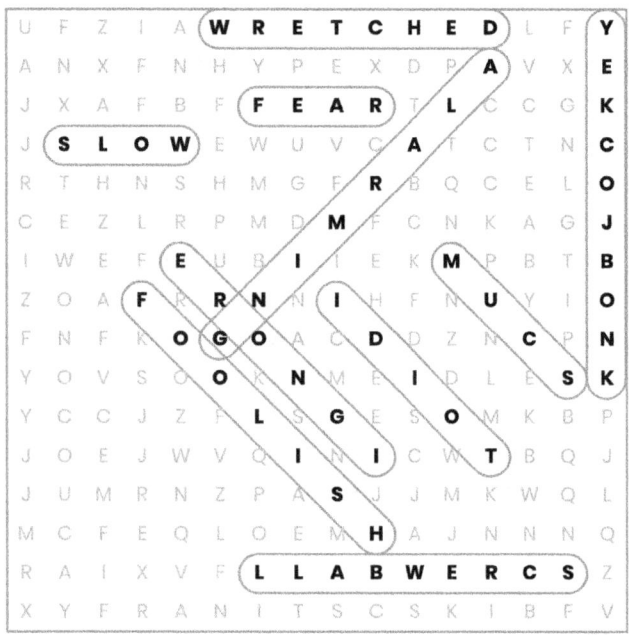

Puzzle 38 - Solution

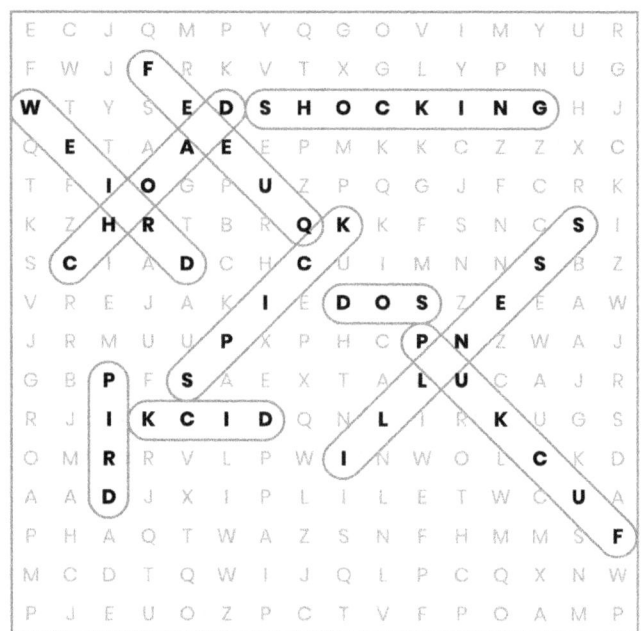

Puzzle 39 - Solution

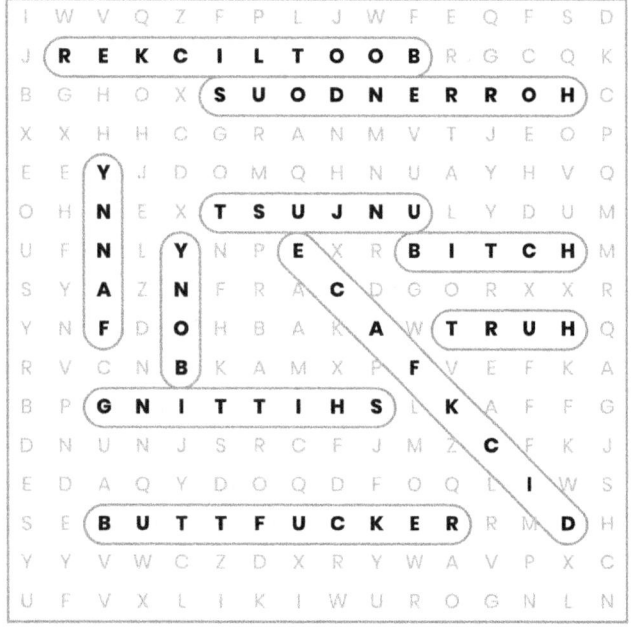

Puzzle 40 - Solution

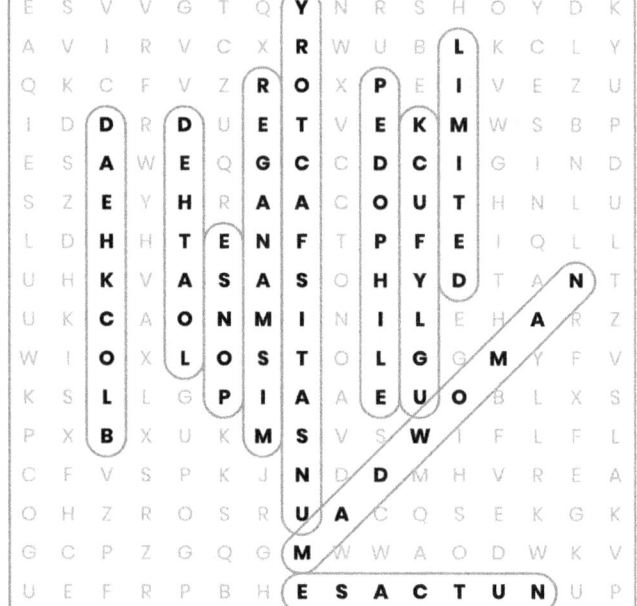

Puzzle 41 - Solution

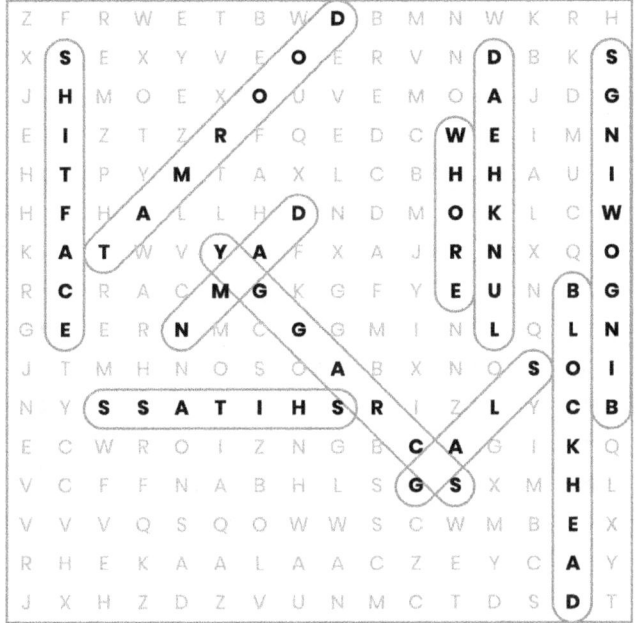

Puzzle 42 - Solution

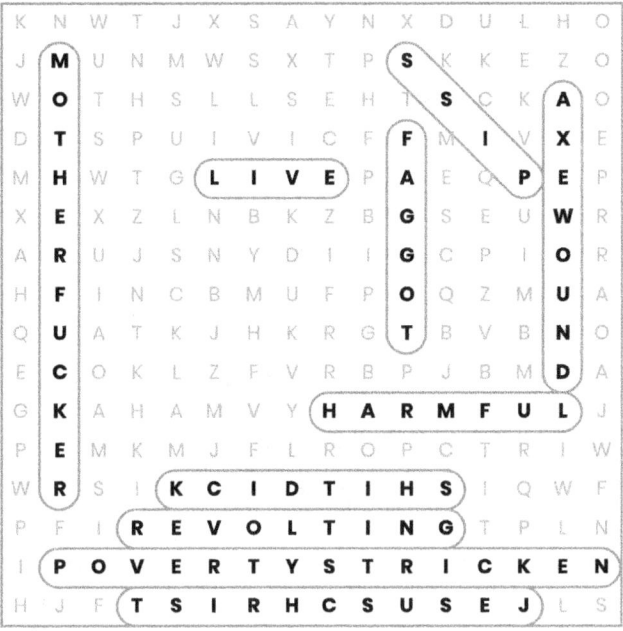

Puzzle 43 - Solution

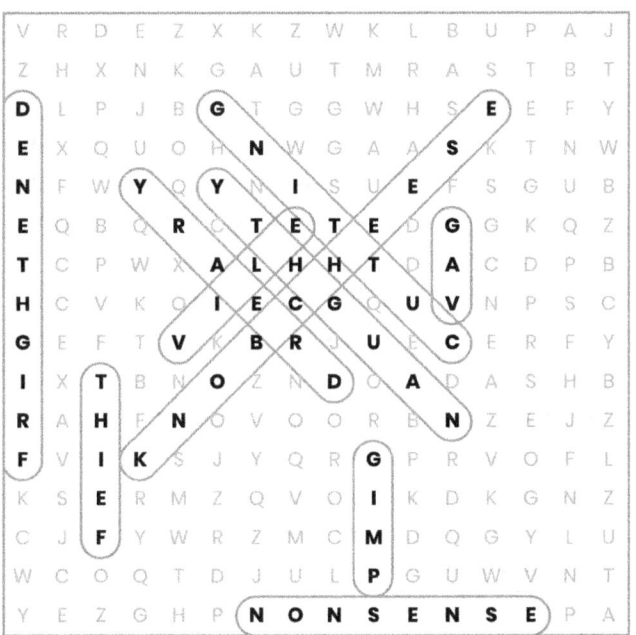

Puzzle 44 - Solution

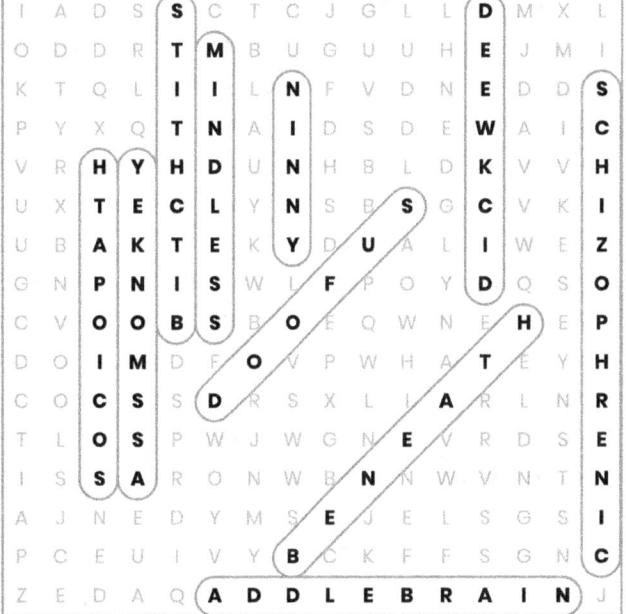

Puzzle 45 - Solution

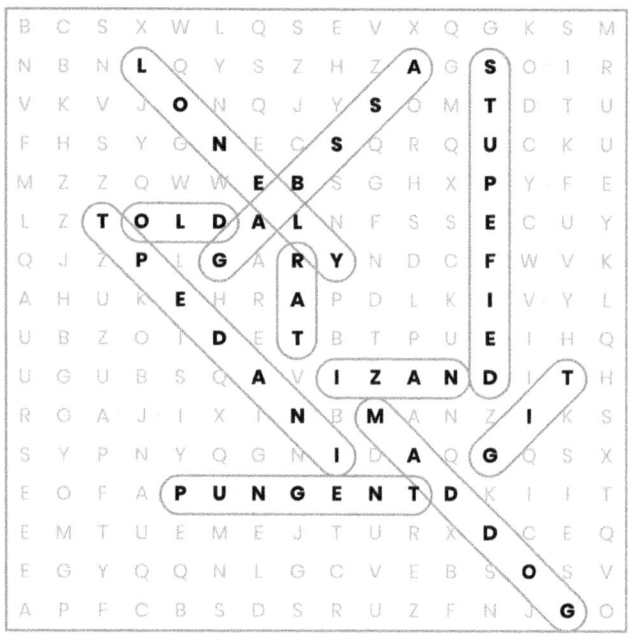

Puzzle 46 - Solution

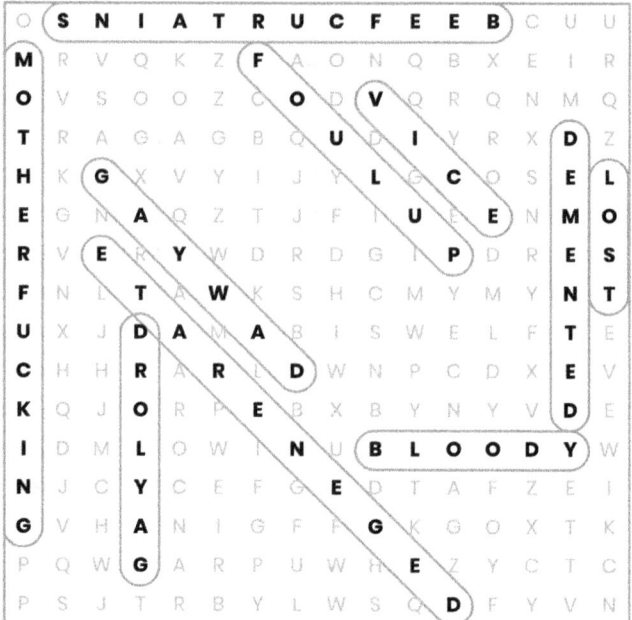

Puzzle 47 - Solution

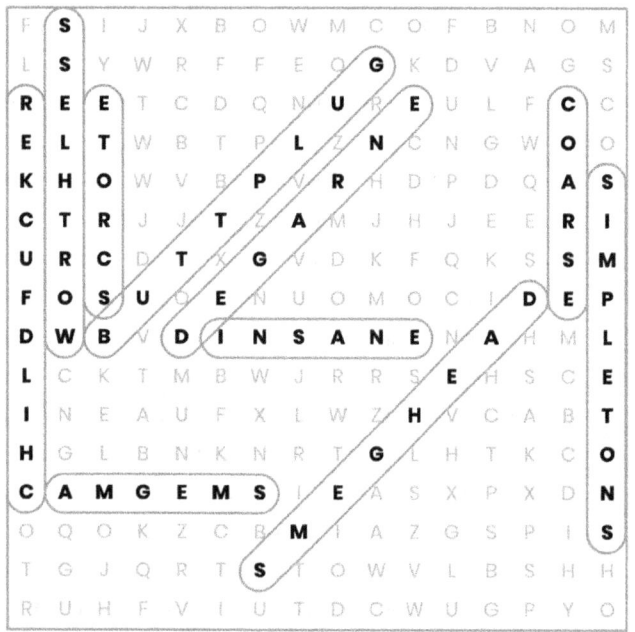

Puzzle 48 - Solution

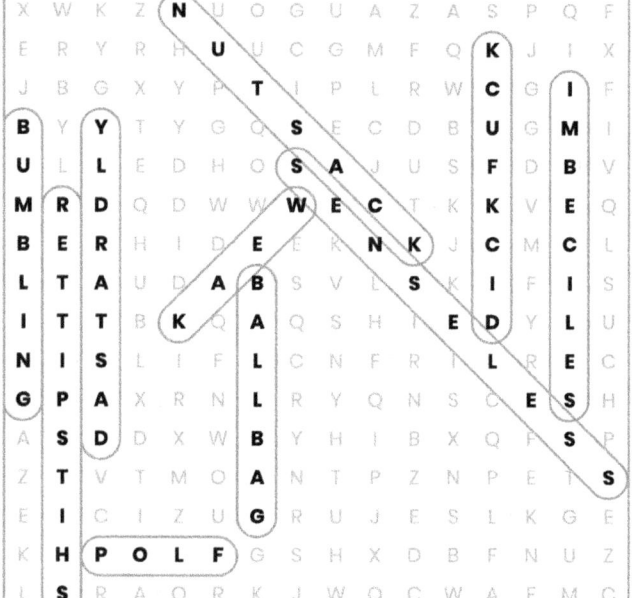

Puzzle 49 - Solution

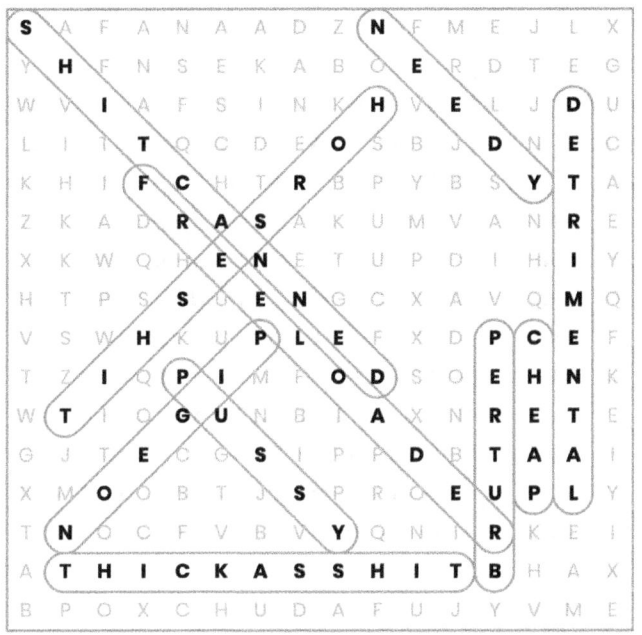

Puzzle 50 - Solution

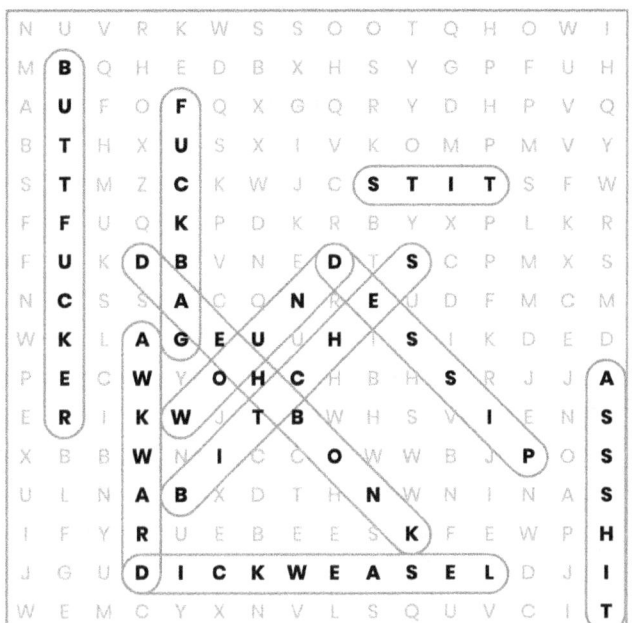

Puzzle 51 - Solution

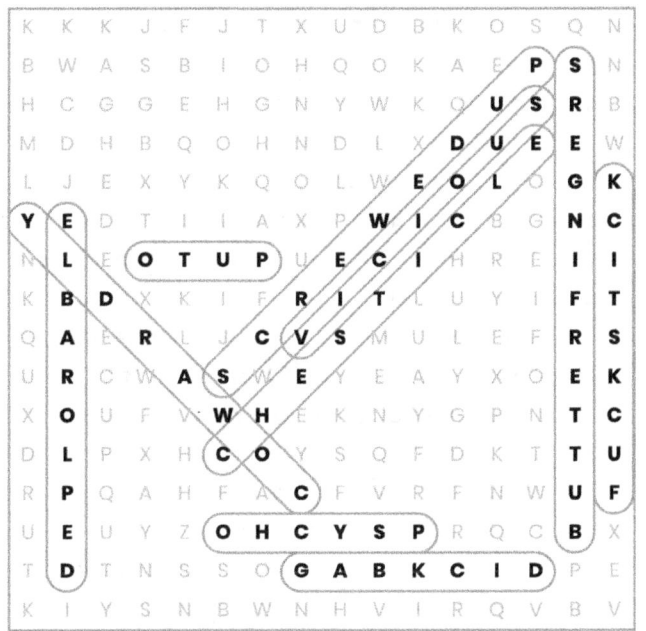

Puzzle 52 - Solution

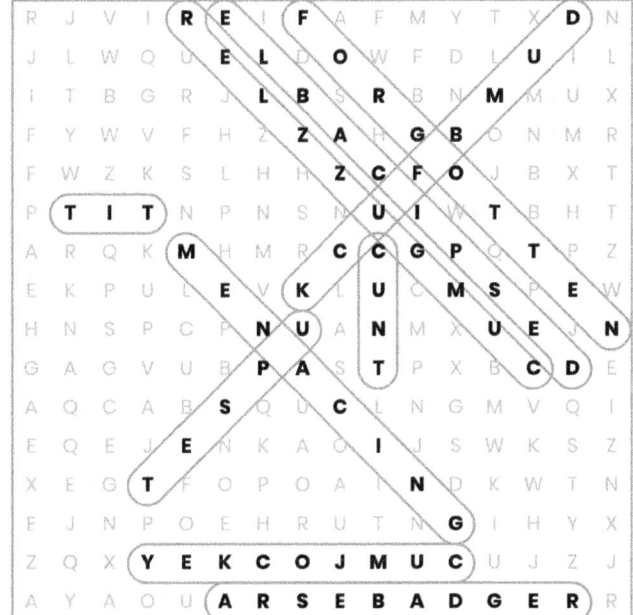

Puzzle 53 - Solution

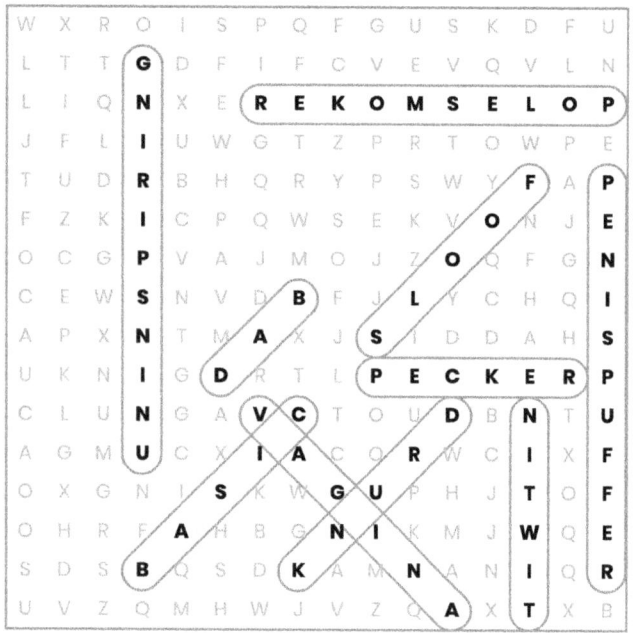

Puzzle 54 - Solution

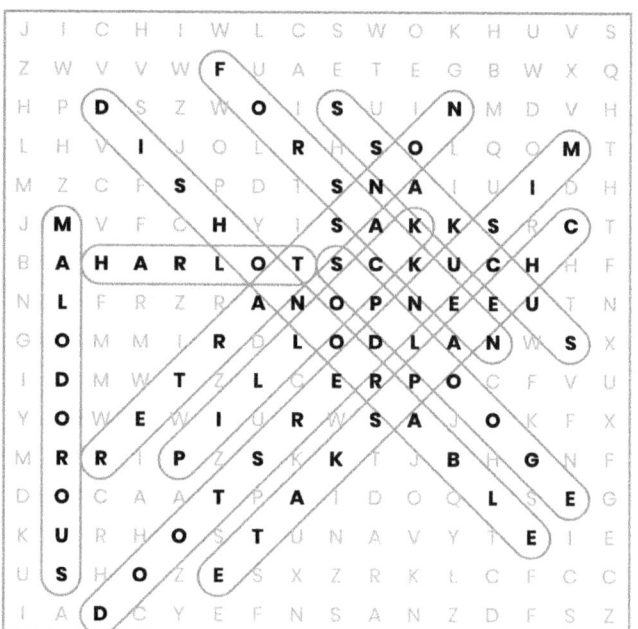

Puzzle 55 - Solution

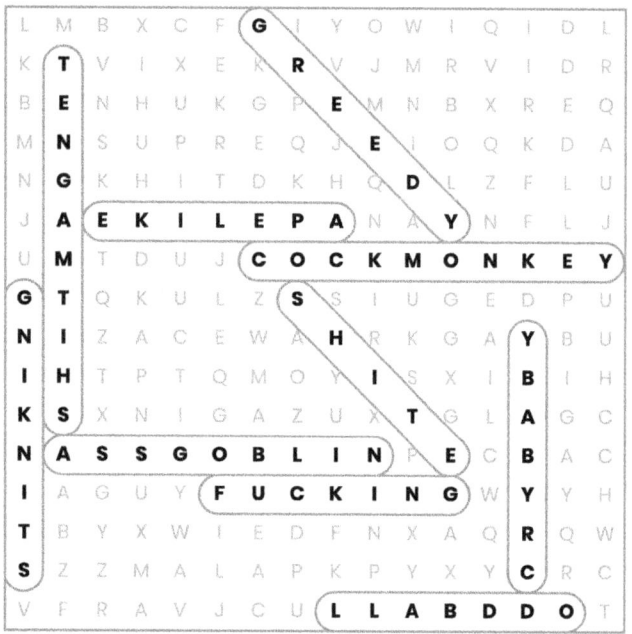

Puzzle 56 - Solution

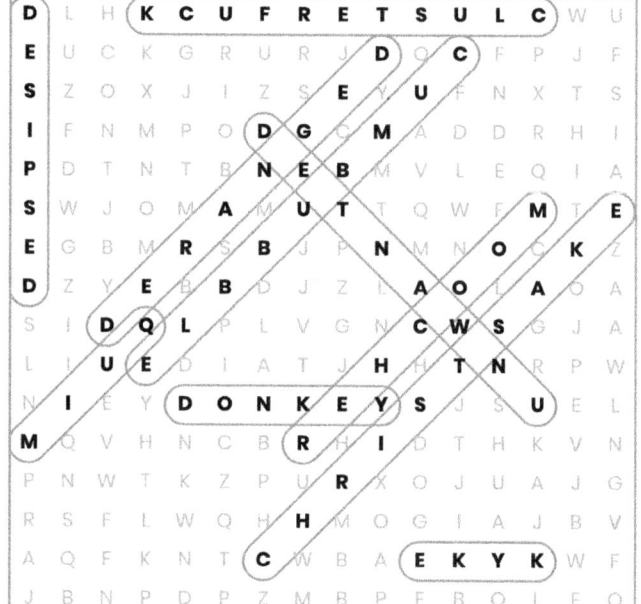

Puzzle 57 - Solution

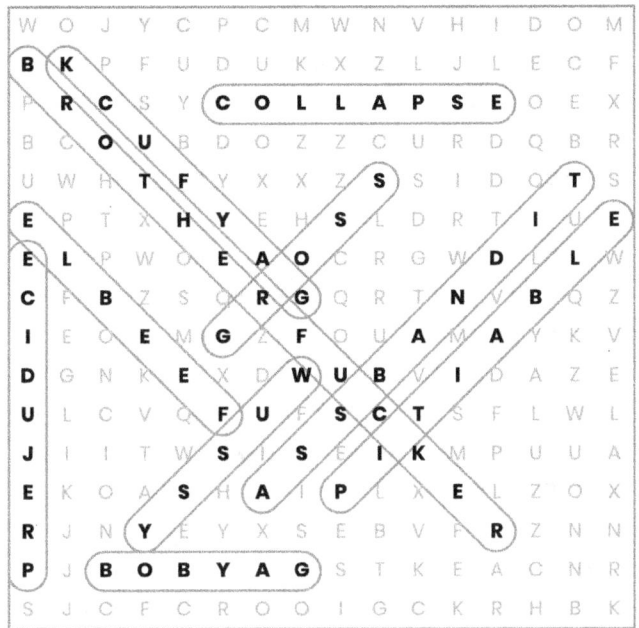

Puzzle 58 - Solution

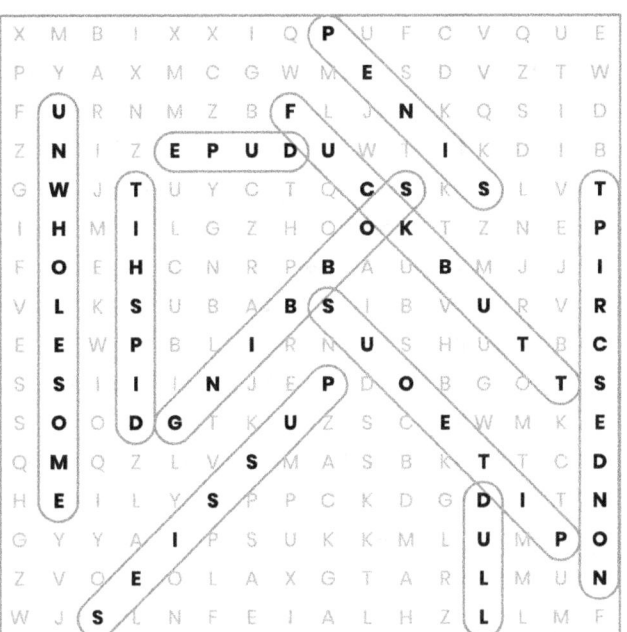

Puzzle 59 - Solution

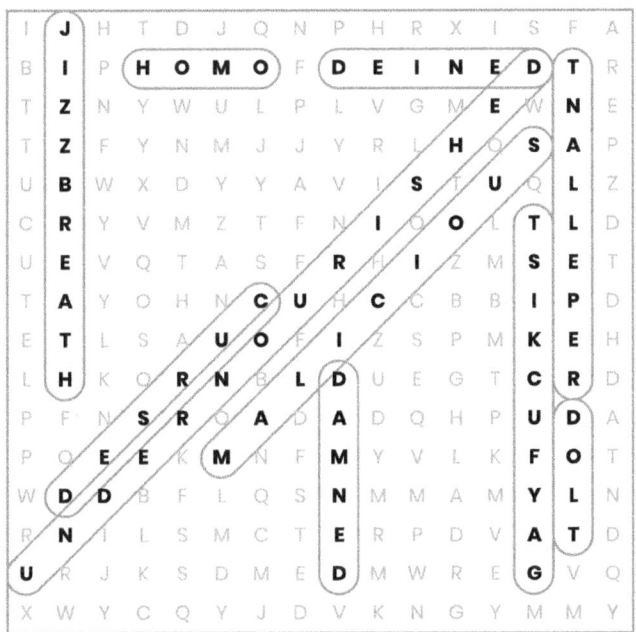

Puzzle 60 - Solution

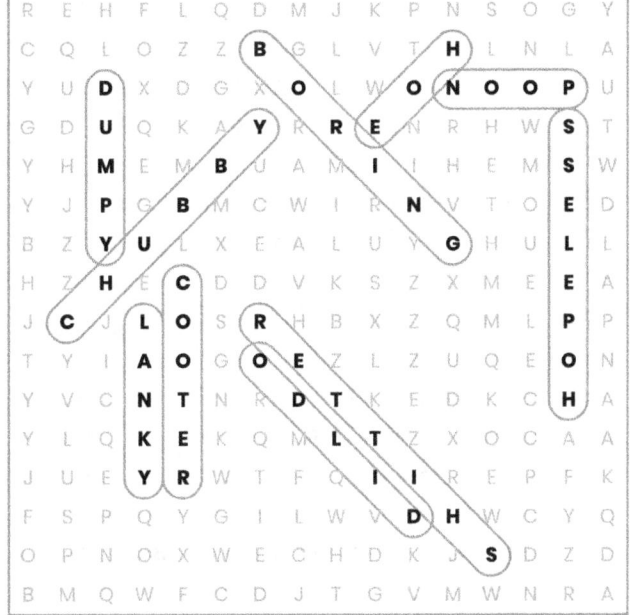

Puzzle 61 - Solution

Puzzle 62 - Solution

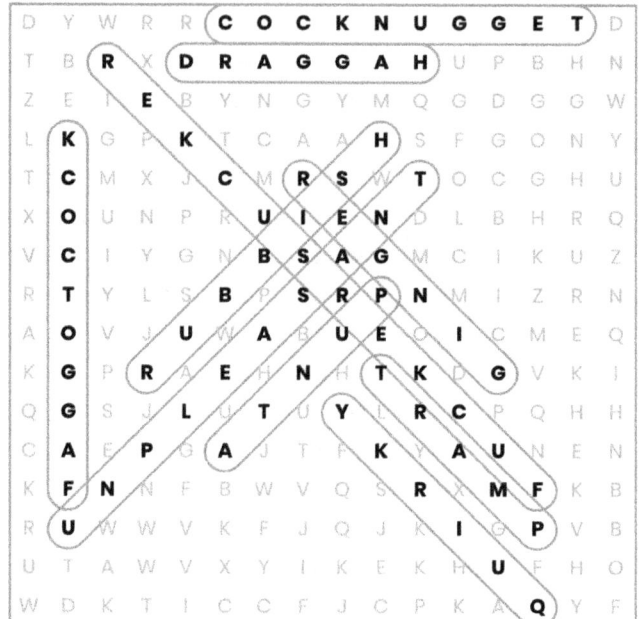

Puzzle 63 - Solution

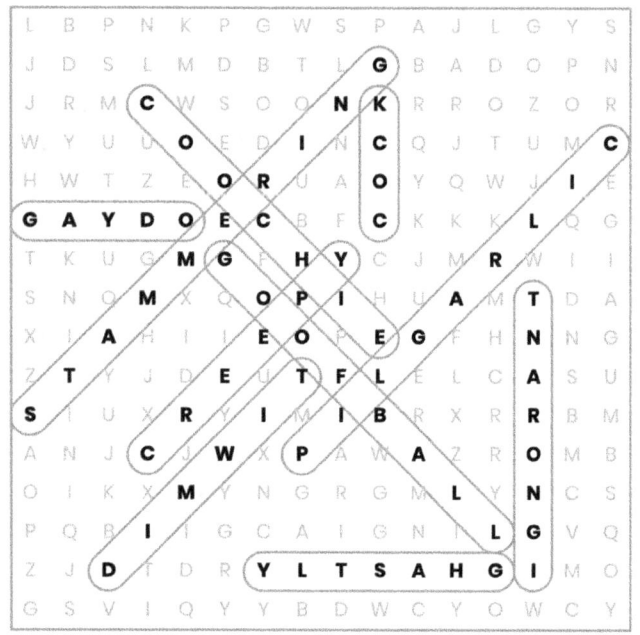

Puzzle 64 - Solution

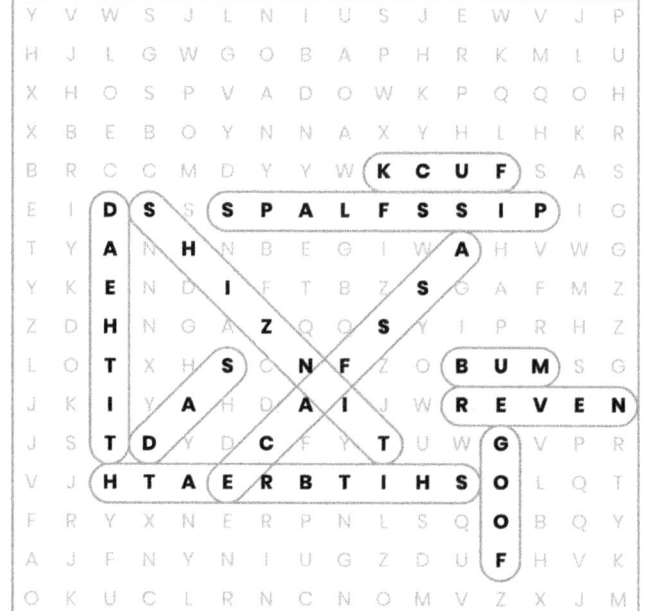

Puzzle 65 - Solution

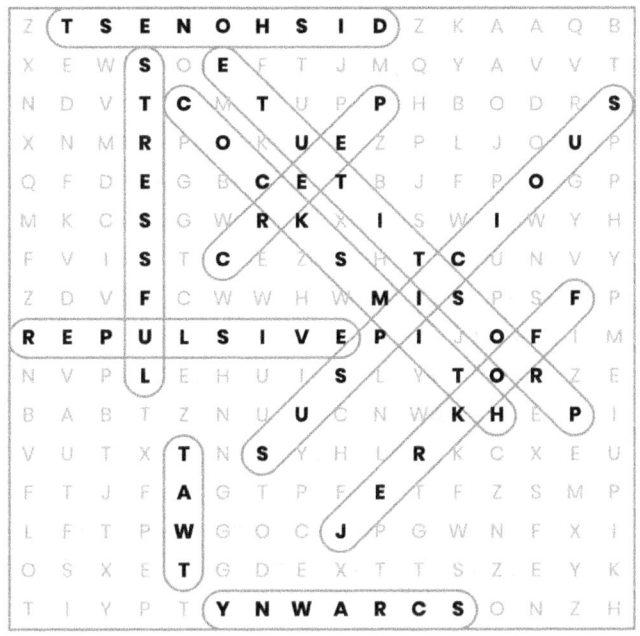

Puzzle 66 - Solution

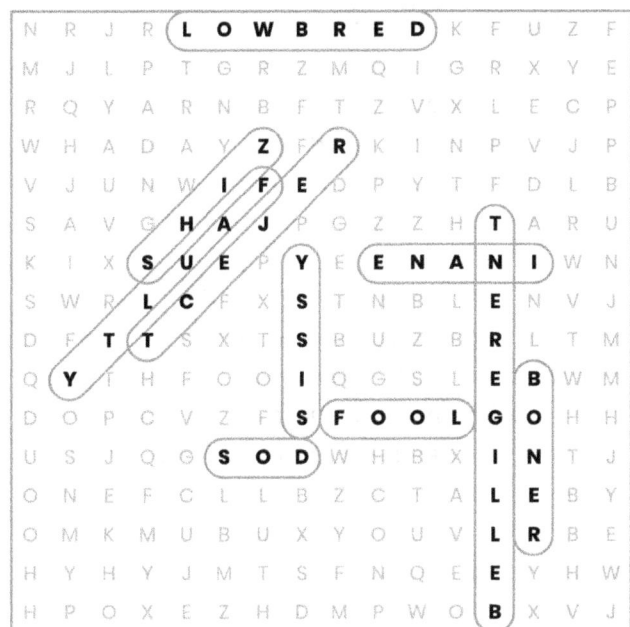

Puzzle 67 - Solution

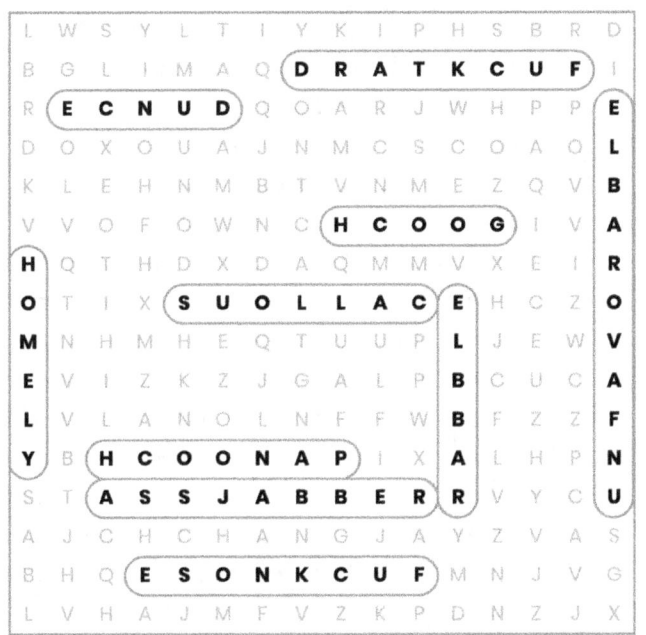

Puzzle 68 - Solution

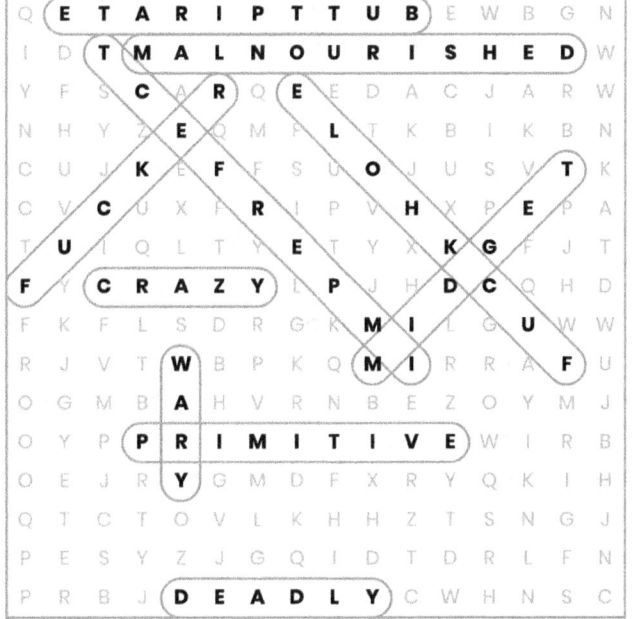

Puzzle 69 - Solution

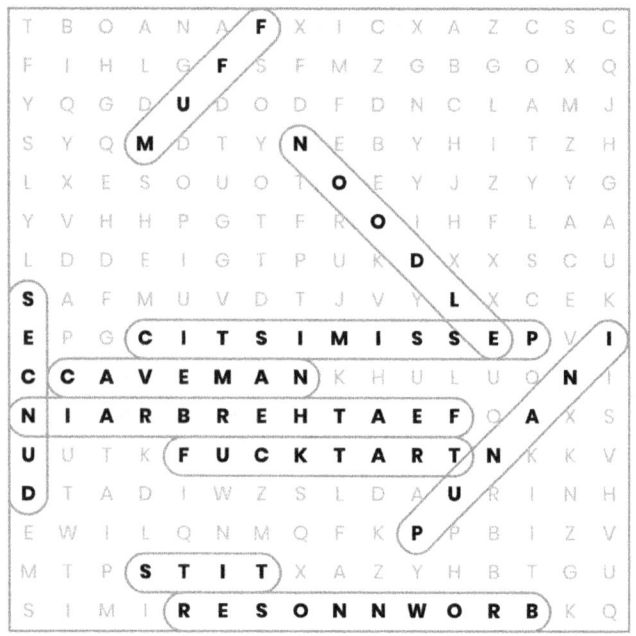

Puzzle 70 - Solution

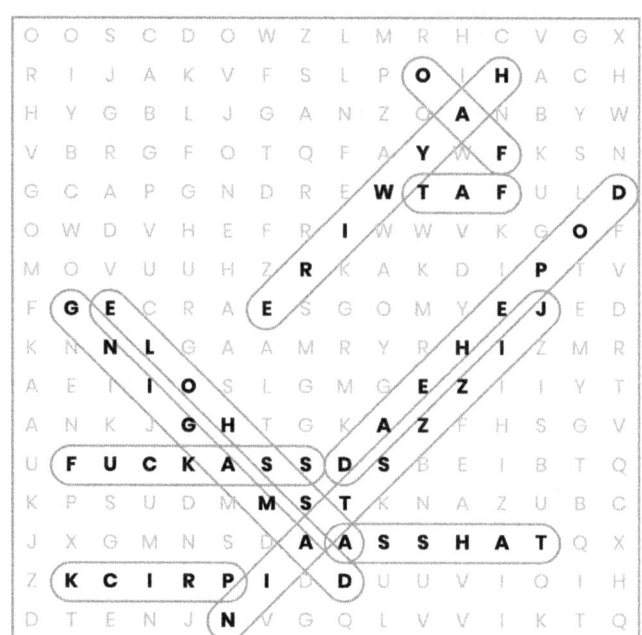

Puzzle 71 - Solution

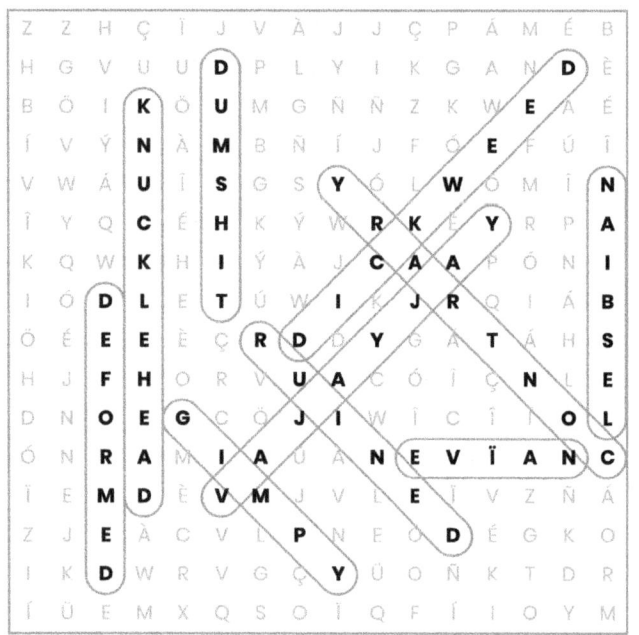

Puzzle 72 - Solution

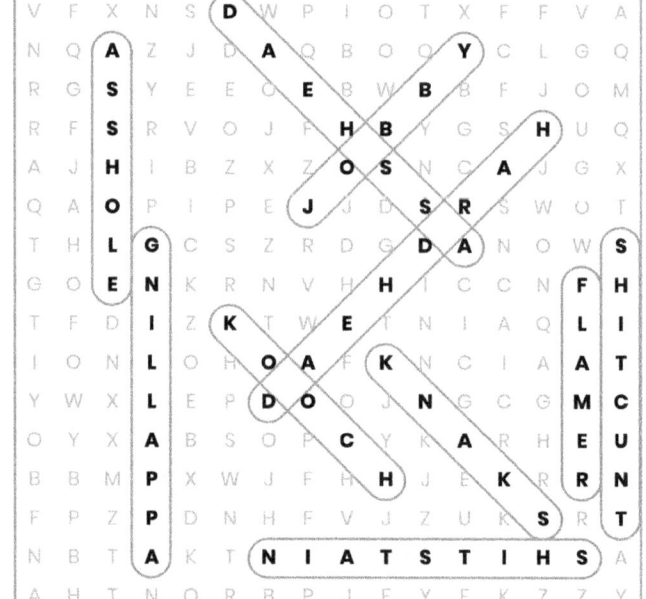

Puzzle 73 - Solution

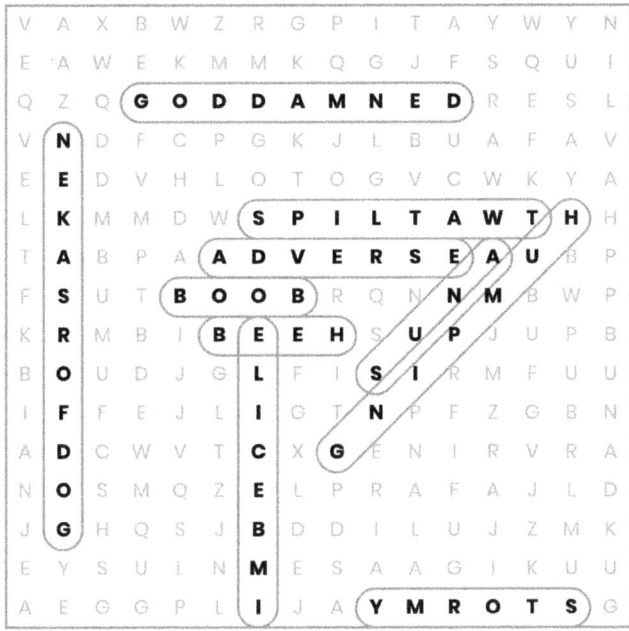

Puzzle 74 - Solution

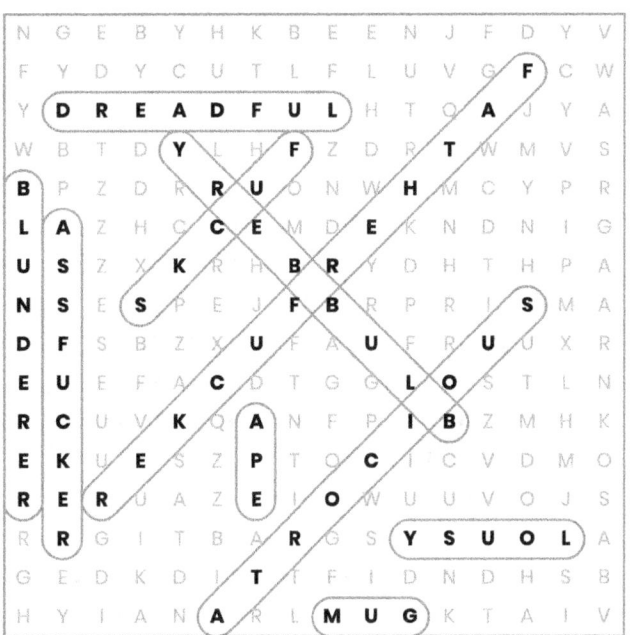

Puzzle 75 - Solution

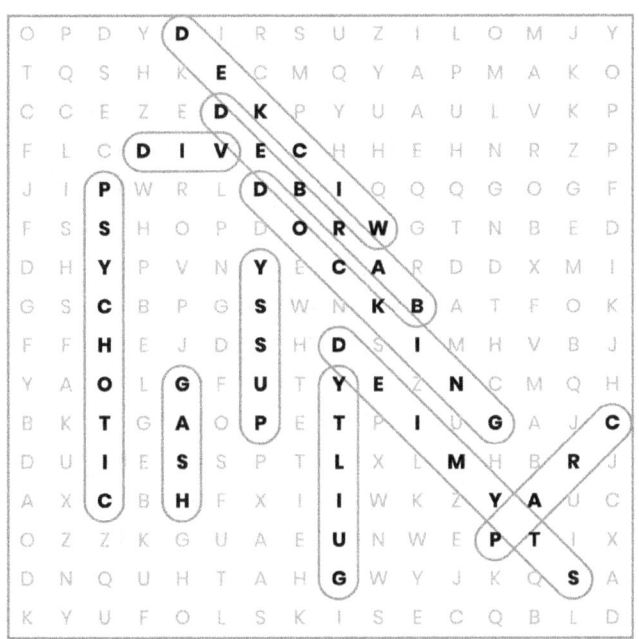

Puzzle 76 - Solution

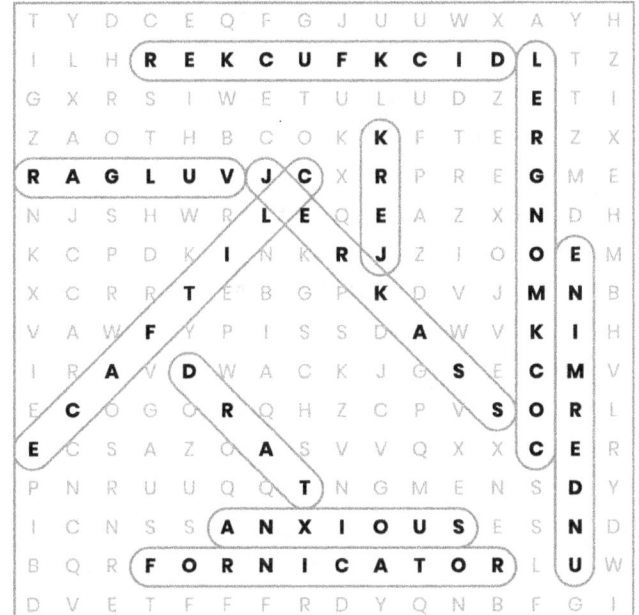

Puzzle 77 - Solution

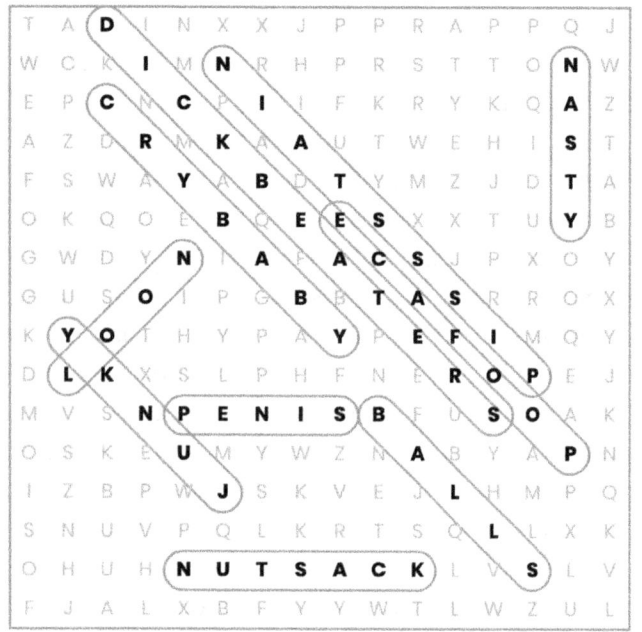

Puzzle 78 - Solution

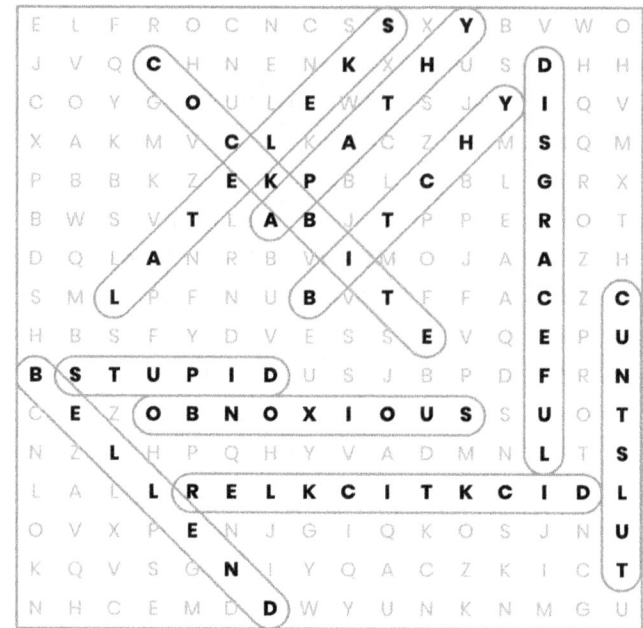

Puzzle 79 - Solution

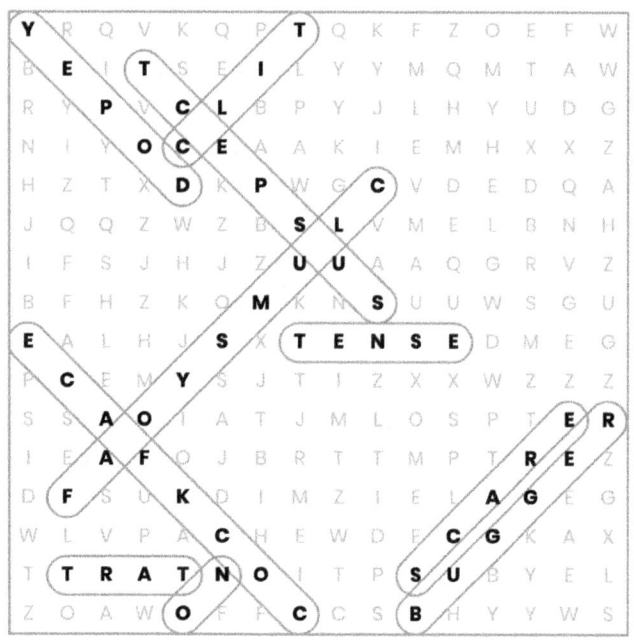

Puzzle 80 - Solution

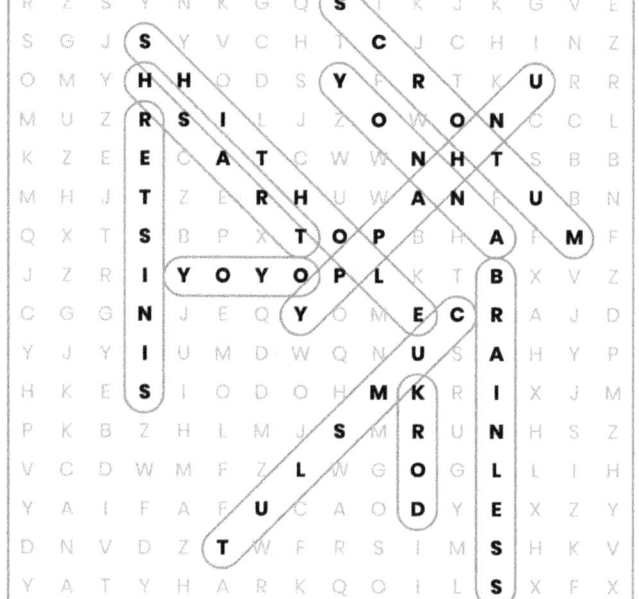

Puzzle 81 - Solution

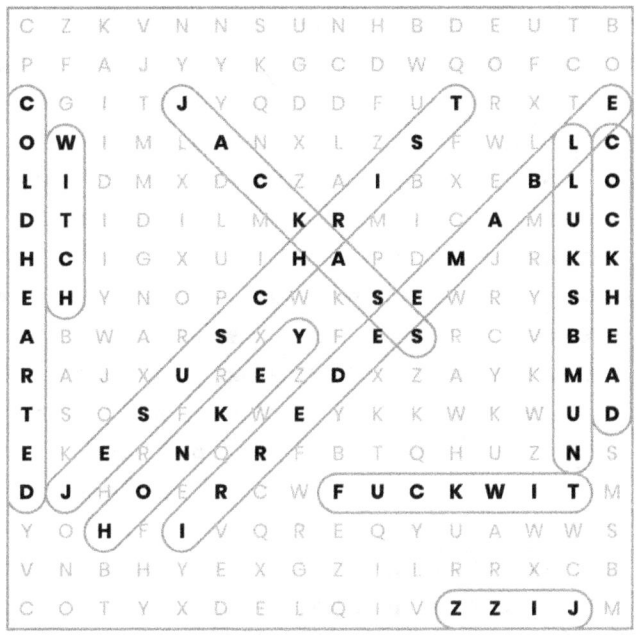

Puzzle 82 - Solution

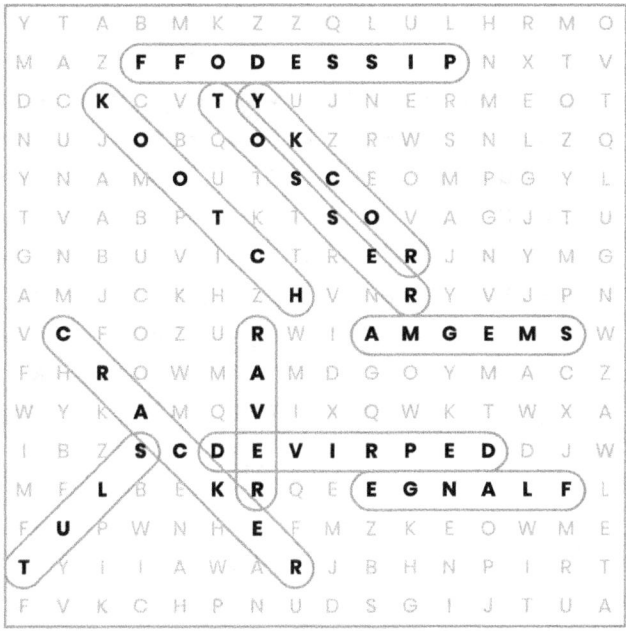

Puzzle 83 - Solution

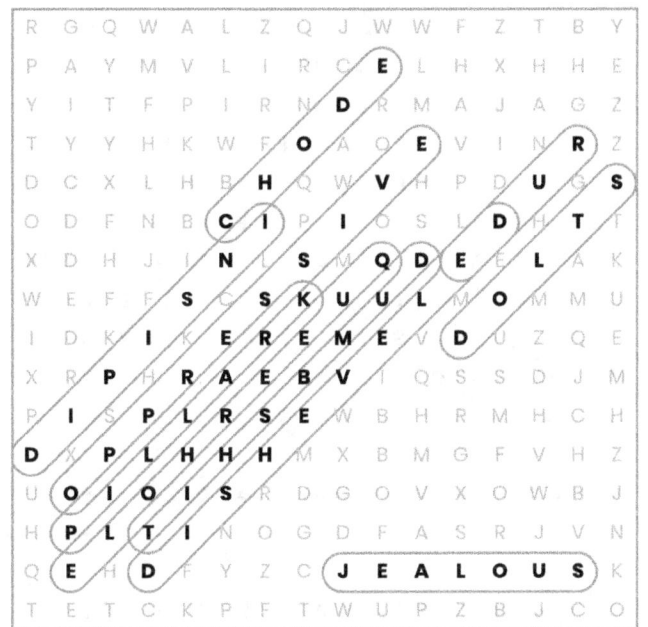

Puzzle 84 - Solution

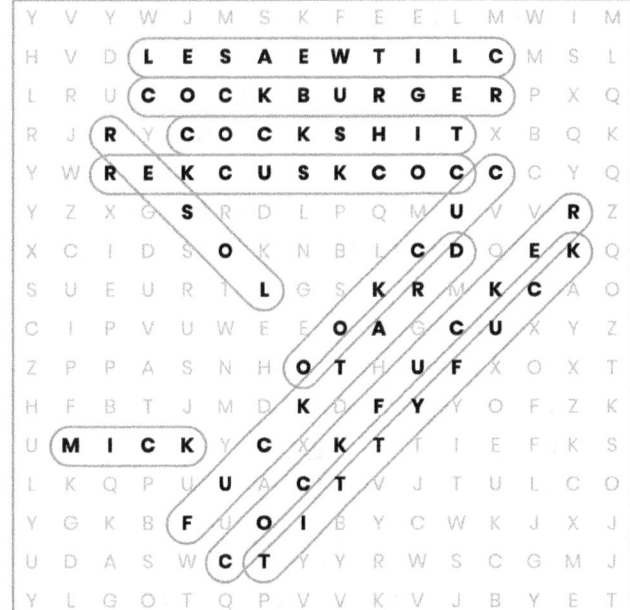

Puzzle 85 - Solution

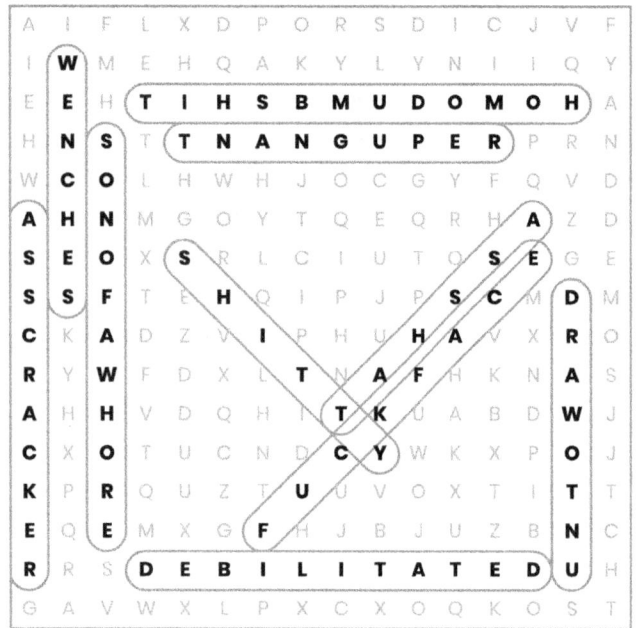

Puzzle 86 - Solution

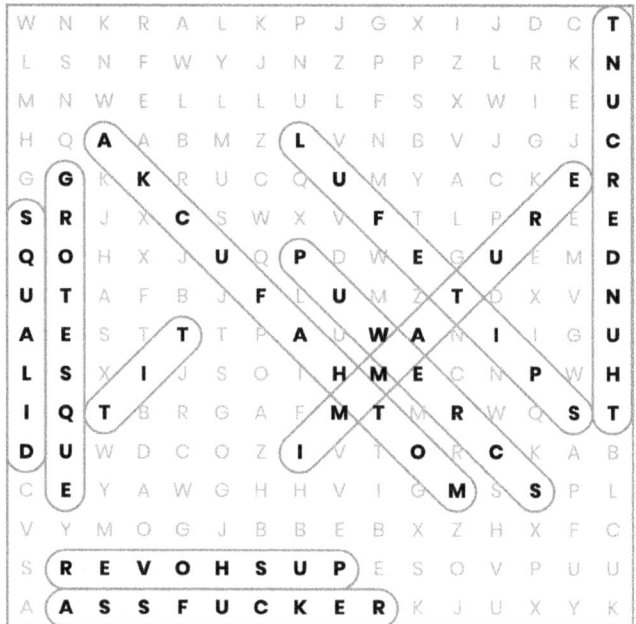

Puzzle 87 - Solution

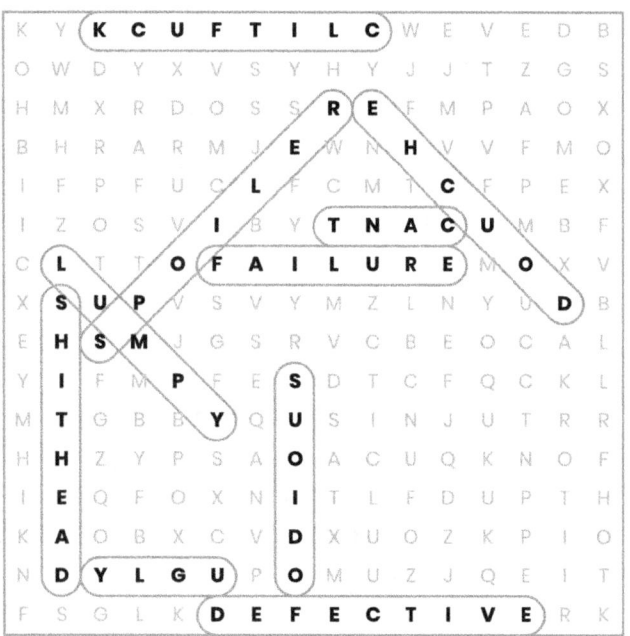

Puzzle 88 - Solution

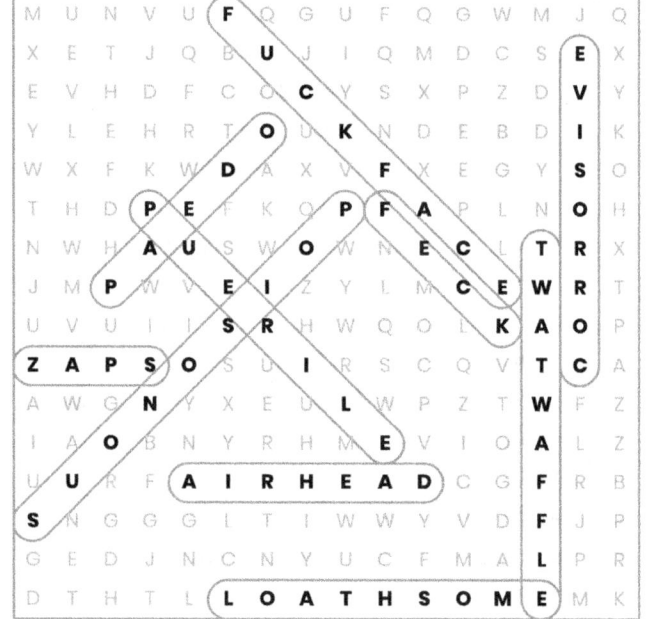

Puzzle 89 - Solution

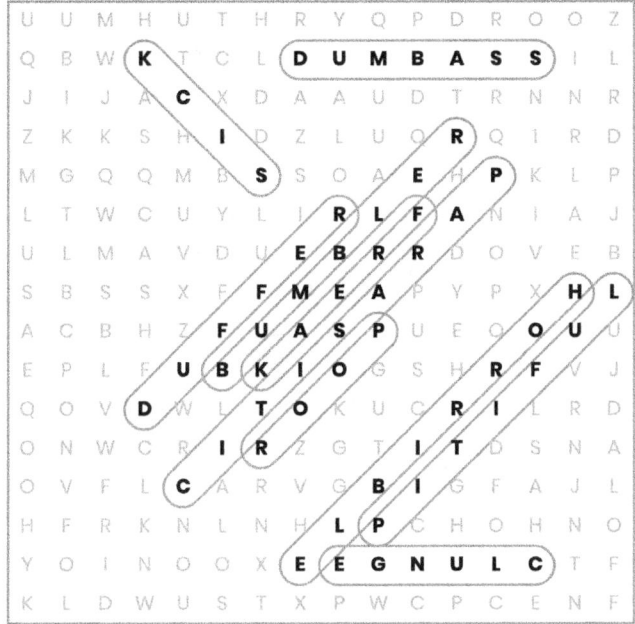

Puzzle 90 - Solution

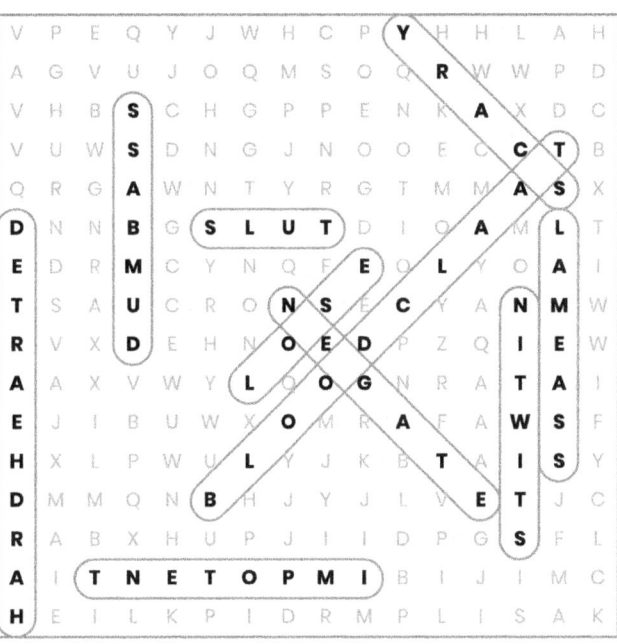

Puzzle 91 - Solution

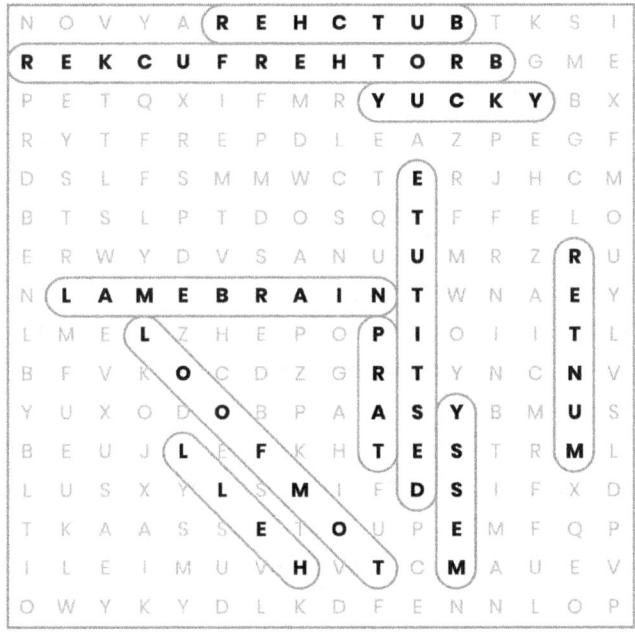

Puzzle 92 - Solution

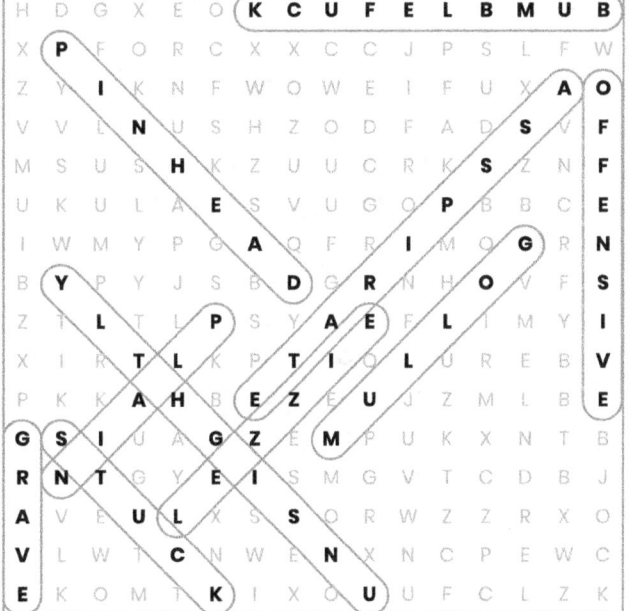

Puzzle 93 - Solution

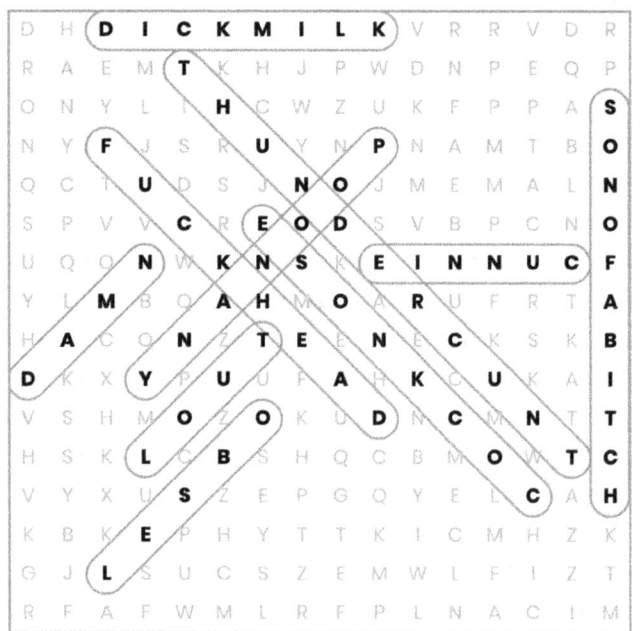

Puzzle 94 - Solution

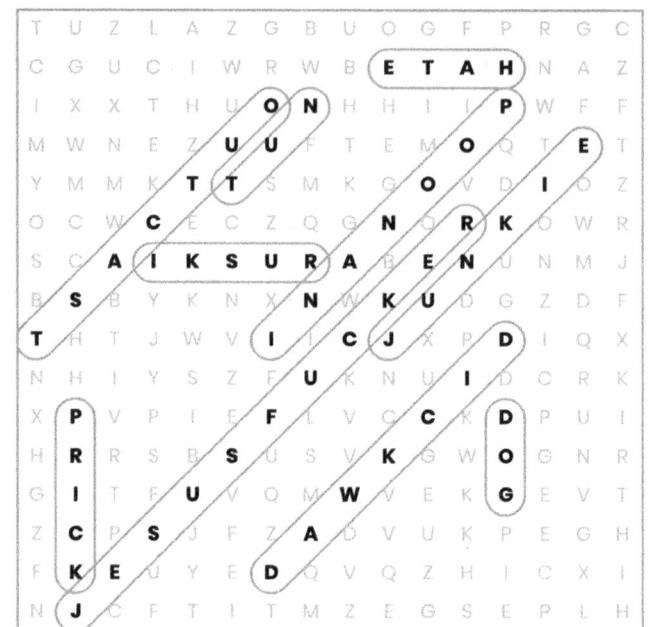

Puzzle 95 - Solution

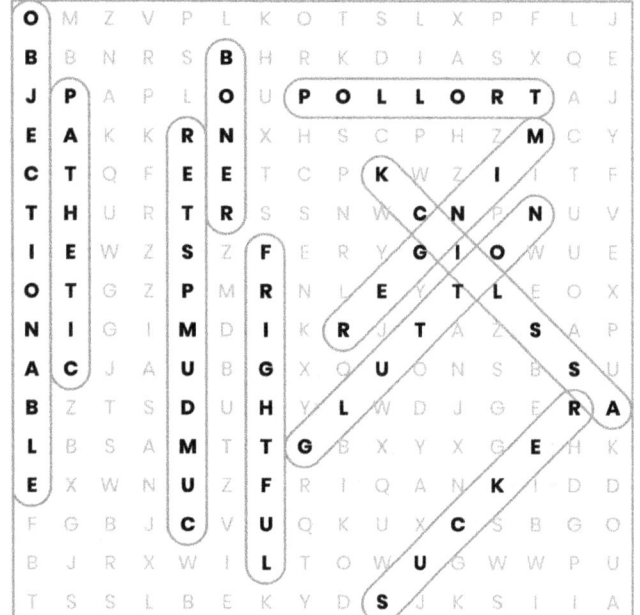

Puzzle 96 - Solution

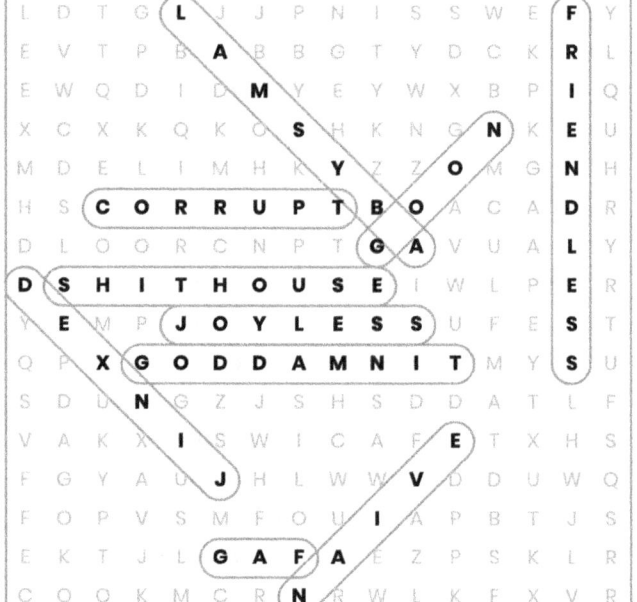

Puzzle 97 - Solution

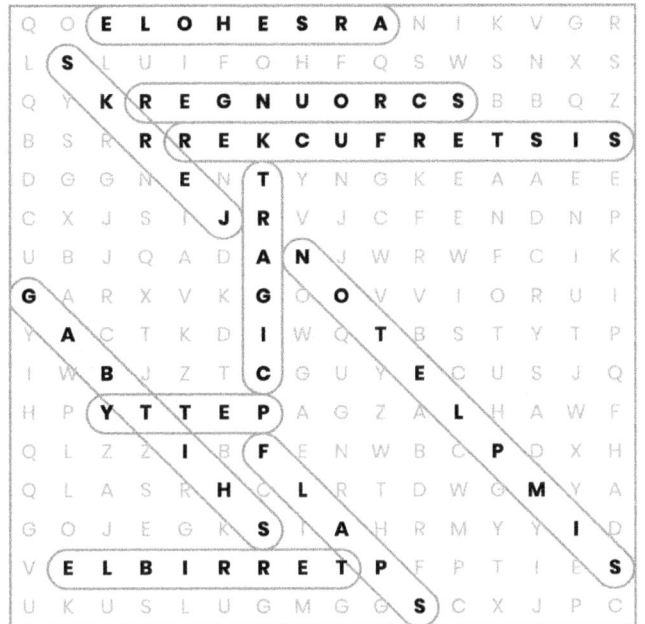

Puzzle 98 - Solution

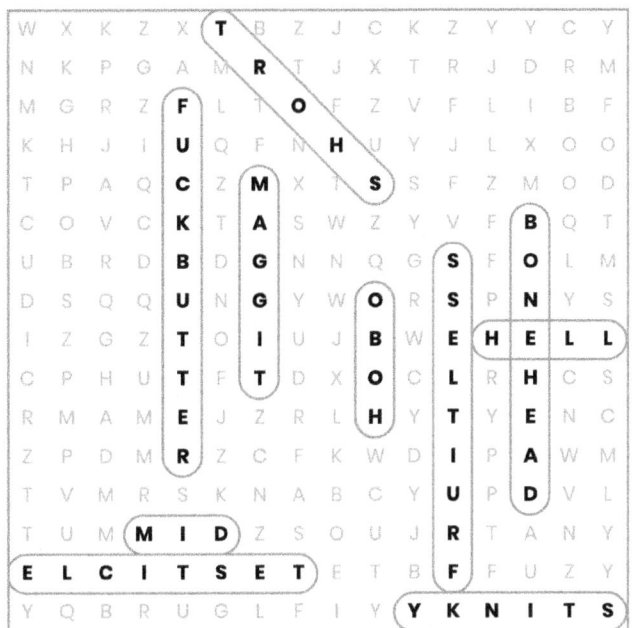

Puzzle 99 - Solution

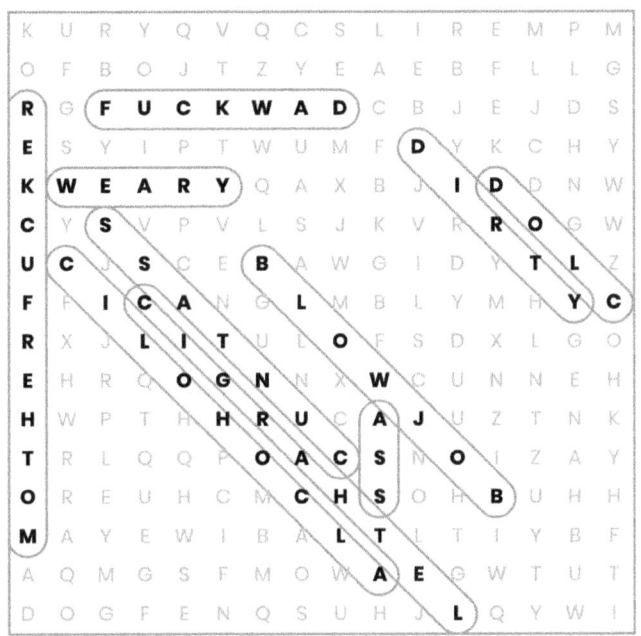

Puzzle 100 - Solution

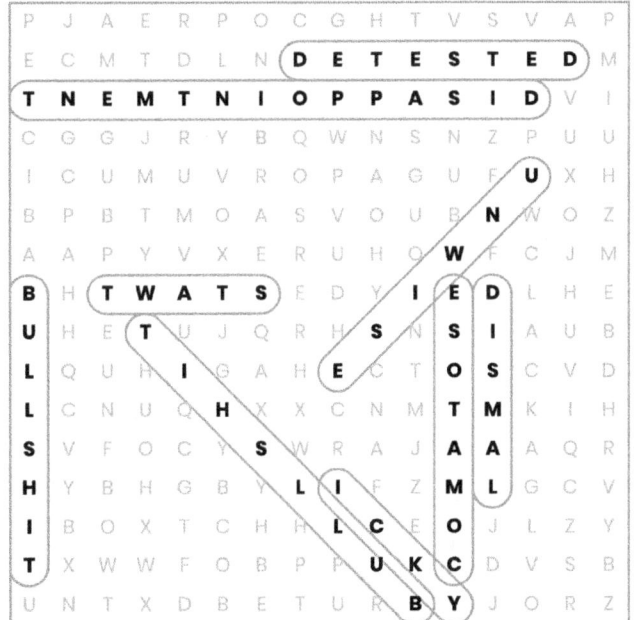